AF349194

Relatos de un hombre casado

"Hombres de barrio"

Gonzalo Narvreón

Indice

— Introducción —

Nos cruzamos jugando al fútbol, en un partido de tenis o quizá en uno de rugby... Nos vemos en el supermercado; a veces estamos solos, otras, acompañados. Somos tipos comunes que tenemos nuestras familias o nuestras novias, trabajamos, hacemos deporte, nos afeitamos o no, disfrutamos de una cerveza o de un buen vino, nos cuidamos, aunque no nos producimos...

Somos tipos comunes, hombres de barrio; solo que, vos y yo, compartimos un secreto...

... Solo vos y yo sabemos de qué estoy hablando.

G. Narvreón

Capítulo I
El rechazo

Transcurría la época en la que mi mujer finalmente descubriría mi bisexualidad. Solo unos meses antes de que esto sucediera, habíamos comenzado a concurrir a un gimnasio e inmediatamente, uno de los dos entrenadores, Martín, había atrapado mi atención.

Martín era un tipo de más o menos mi edad, parco y de un carácter medio osco. Quizá un día saludaba amablemente y el día siguiente pasaba a mi lado sin siquiera mirarme. Aun así, para mí siempre tuvo un atractivo muy especial por su aspecto varonil, sus piernas y brazos peludos, muy bien formados y naturales, no a fuerza de fierros; culo redondito, cara de macho, pelo corto y prolijo, bien tipo de barrio.

Por una cuestión de horarios, el otro entrenador, Adrián, fue finalmente el que prepararía mis rutinas y quien seguiría mi entrenamiento. Adrián no estaba nada mal; blanco, rubio, más musculoso que Martín, ojos claros, pelado, abdomen marcado, pero pantorrillas muy flacas y, para mis estándares, eso restaba muchísimos puntos.

En algunas ocasiones, solapando horarios de cambio de entrenadores, mientras que yo hacía ejercicios de pecho, Martín se acercaba para seguir mis series de pectorales, quedándose parado detrás de mi cabeza, con su miembro arriba de mi cara; en otras, simplemente me encendía la cinta para correr. Confieso que, mientras corría, no podía resistirme a la tentación de seguirlo con la mirada por todo el gimnasio.

Muchas veces intenté darle charla y, en verdad, cuando se dignaba a saludar, resultaba una persona simpática, pero quizá, como ya dije, al día siguiente no me saludaba.

Inesperadamente, mi mujer había recibido una oferta laboral para viajar por unos meses al exterior, que resultó económicamente muy tentadora y, luego de debatirlo, finalmente acepté, por lo que me quedé solo y con la casa a mi disposición.

En un día de entrenamiento como cualquier otro, terminaba de ducharme y Martín ingresó al vestuario para mear. Cruzamos algunas palabras y, tentado por la atracción que me producía, busqué una excusa como para sacarle conversación.

—Che, Martín, decime… ¿Das clases particulares o laburás solo acá? —pregunté.

Martín, que estaba meando y sin prestar mucha atención a mi presencia, giró su cabeza y respondió:

—Sí, si tengo la oportunidad, lo hago; en verdad, tengo pocos alumnos fuera del horario del *gym*, porque no me queda mucho tiempo libre; ¿por?

—Porque me interesaría entrenar puntualmente algunas áreas para mejorarlas y veo que acá se me hace un poco lento el avance —respondí.

—Boludo, mirá que tu cuerpo hizo un cambio enorme —comentó, agregando— de todas maneras, no tengo problema, si querés, combinamos y listo.

Nos pasamos los números de celulares y quedamos en que lo llamaría.

Me fui del *gym* y pasé el resto de la tarde pensando en si llamarlo o no. Claramente, poco me importaba el entrenamiento y mi intención era traerlo a casa con alguna excusa.

Finalmente me animé, tomé el teléfono y lo llamé; era viernes por la tarde y combinamos como para que viniese el sábado antes del mediodía.

El sábado amaneció absolutamente soleado, clima ideal para disfrutar de la pileta y del aire libre. Tomé una ducha, me puse un *bóxer* y preparé mi desayuno. Me senté en la galería para disfrutar de un rico jugo de naranjas, café con leche y tostadas con queso feteado. Subí a cambiarme con la intención de estar listo para cuando llegase Martín; me puse calzas, un *short* de rugby y una remera de manga corta *Dry Fit*.

Se acercaba el mediodía y sonó el timbre. Eran las once y media; Martín llegaba puntual y esperaba frente a la puerta.

Abrí la puerta de calles desde el portero y me acerqué a la entrada principal para recibirlo.

Nos saludamos con un beso en la mejilla y lo invité a pasar. Martín vestía una musculosa anaranjada, calzas negras y un *short* de rugby también negro; medias sin caña y zapatilla de running. Ese *short* ajustado marcaba su hermoso ojete redondo y la musculosa dejaba ver sus bíceps marcados y sus brazos peludos.

Las patas de Martín eran un tema aparte; sin fisuras ni defectos, hermosas pantorrillas y cuádriceps marcados, bien macizas, bien velludas; un espectáculo para los ojos.

Cruzamos algunas palabras y nos dirigimos hacia un cuarto de planta baja, en donde tenía algunos elementos para hacer gimnasia. Comenzamos la rutina que me fue marcando y dejamos para el final la parte de abdominales.

—Acostate boca arriba —dijo.

Me acosté en el piso tal como me indicó y él quedó parado, apoyando un pie a cada lado de mi cabeza.

—Agarrate de mis tobillos y elevá las piernas —indicó.

Tomé sus tobillos e inevitablemente sentí que mi miembro comenzaba a latir. Era la primera vez que mis manos lo agarraban. Martín empujaba mis piernas hacia el suelo y yo debía impedir que mis pies tocasen el piso, elevándolos nuevamente; típico ejercicio para fortalecer abdominales. Yo mantenía la vista hacia arriba y me encontraba con el esplendor de sus hermosas piernas peludas.

Con la intención de tocar sus piernas en diferentes lugares, cada tanto movía mis manos para cambiarlas de posición; nada me calienta más que unas lindas piernas. Afortunadamente, yo tenía calzas debajo de los pantalones, que ayudaron a que mi pija se mantuviese apretada, porque ya se me había puesto dura del placer que me producía el solo hecho de mirarlo.

Continuamos por aproximadamente una hora, variando los ejercicios y finalmente dijo:

—Listo por hoy; si no, mañana te va a doler hasta el orto.

Pensé: *"Si me fuese a doler el orto porque me pude encamar con vos, bienvenido sea, que me duela una semana entera".*

—Ok —contesté.

—Lindo parque y hermosa pileta; lo debes pasar lindo —comentó Martín.

—Sí, la verdad es que está lindo y es una casa grande para los dos solos; encima, Andrea está trabajando en el exterior, así que imaginate… Yo solo en esta casa —respondí.

—Ah, mirá vos, no sabía que tu mujer se había ido a trabajar afuera; con esta casita y solo… Pirata suelto —dijo Martín.

Me llamó la atención su comentario, e imaginé que seguramente eso es lo que él hubiese hecho de encontrarse en mi situación. Era *vox populi* que Martín se había trincado a varias minas del *gym*; tenía fama de piratón.

Sonreí ante su comentario.

—No, yo soy un santo —dije.

—Me imagino… Bueno, comienza el fin de semana de verdad —dijo Martín.

—¿Terminaste?, ¿tenés más alumnos? —pregunté.

—No, tarde de huevo —respondió.

—¿Querés quedarte? Disfrutamos de la pileta y comemos algo; yo tampoco tengo planes, voy a estar al pedo y solo todo el día —dije.

—Estaría bueno, pero no tengo ropa —respondió Martín.

—No seas boludo, te doy un *short* y lo que necesites para cambiarte —dije.

—Ok, me convenciste —contestó Martín.

Subí al cuarto, me saqué la ropa y me puse un *short* de baño; bajé en cuero y en patas, con dos o tres *shorts* para que

Martín eligiera.

—Ya te estás esculpiendo, querido —comentó Martín, haciendo referencia a mi cuerpo.

—¿Sí?, ¿te parece? —pregunté.

—Sí, Gonzalo, un gran cambio desde que comenzaste en el *gym* —agregó.

Agarró uno de los *shorts* y se metió en la toilette para cambiarse.

Salió descalzo y en cuero; era la primera vez que lo veía así y en nada discordaba con lo que me había imaginado. Además de los brazos y piernas que ya conocía, acompañaba un lomo divino y cubierto de pelos; el abdomen sin marcar, pero firme, hasta diría que, con una leve curvatura, producto de una tímida pancita que se perdía entre tanto pelo; perfecto ejemplar de barrio, bien machazo, sin producir, prolijo, pero bien hombre.

Fuimos hacia la pileta y nos tiramos al agua. Sentí un tremendo placer con el contacto del agua que enfrió mi cuerpo acalorado por el ejercicio y por mis pensamientos.

Martín nadó un rato y nos quedamos en la parte baja conversando y disfrutando del sol.

Finalmente salimos y nos recostamos sobre sendas reposeras. Noté cómo el *short* mojado se aplastaba contra su cuerpo, marcándole el bulto y cómo los pelos, por el peso del agua, quedaban estampados sobre su piel.

—¿Cómo llevas el tema de la separación? Debés estar garchándote a todas estas yeguas de *gym* —dije, intentando llevar la conversación para el lado sexual.

Martín sonrió, haciendo con su cabeza un gesto de negación.

—No, *man*, realmente me pegó mal lo de la separación; la convivencia no daba para más, pero los sentimientos están ahí; hace mucho tiempo que no la pongo; raro en mí, pero la verdad es que casi que ni me pajeo —respondió.

Inesperadamente, Martín me estaba dando una valiosa información y con más detalles de lo que yo hubiese esperado.

Permanecimos más o menos una hora tomando sol y conversando, hasta que decidimos entrar a la casa para comer algo.

—¿Puedo darme una ducha? —preguntó.

—Sí, boludo, por supuesto, seguime —respondí.

Lo guié a mi habitación, le indiqué la puerta del baño y, jodiendo, dije:

—Usá lo que necesites, ahí tenés jabón, shampoo, toallones… y si necesitas que le enjabone la espalda, me avisas.

No sé cómo me animé a decirle eso, porque, la verdad, es que no éramos amigos ni mucho menos; ciertamente, era la primera vez que compartíamos tanto tiempo juntos.

—Qué boludo —dijo Martín, como respuesta a mi comentario.

Fue al baño, dejó la puerta abierta y comenzó a desvestirse.

Solo logré verlo de espaldas y me calentó sobremanera observar sus piernas y su redondo culo peludo.

Escuché el sonido del agua que comenzaba a caer; me saqué el *short* mojado y me puse un *bóxer* holgado para tirarme en la cama a la espera de que terminara.

Comencé a dormitar y me sobresaltó la voz de Martín pidiéndome que le alcanzara un toallón. Entré al baño, tomé uno y, al girar, lo tenía ahí, parado dentro de la bañera, con la mampara abierta, todo empapado, con los pelos que caían sobre su cuerpo por el peso del agua, una hermosa pija colgando entre sus piernas, de esas bien carnosas y voluminosas; todo un espectáculo.

Me acerqué, le tendí el toallón con una mano y dije:

—Turro, ¡qué lomazo tenés! Qué bien que te mantenés.

—Es parte de mi trabajo; me tengo que mantener en forma —dijo.

Secate y vení que te doy ropa para que te vistas —dije, pensando que, en verdad, quería que se quedara así, en pelotas, y saciar sus necesidades sexuales, que venían siendo descuidadas desde hacía tiempo.

Salí del baño y fui hacia el vestidor para buscar ropa. Me senté en la cama y vi que Martín salía del baño con el toallón atado a su cintura. Realmente, no sabía cómo encararlo; tenerlo en mi cuarto y medio en pelotas era una situación soñada, pero no se me ocurría de qué manera podía avanzarlo.

Me daba miedo el contundente rechazo que probablemente recibiría. Sabía que se había acostado con muchas minas del *gym* y no imaginaba que siquiera se le hubiese cruzado alguna vez la idea de garchar con un tipo.

Martín se sentó en el borde de la cama, frente al espejo que cubría completamente una pared lateral del cuarto y, sonriendo, dijo:

—Turro, se ve que sos fiestero, ¿eh? Las cojídas que te debés mandar acá con tu mujer mientras que se miran en el espejo.

La verdad es que no sabía qué responderle ni cómo tomar su comentario; teniendo en cuenta lo que me había contado hacía un rato sobre el tiempo que llevaba sin garchar, lo único que pensé fue en decir cosas que pudiesen calentarlo.

—La verdad es que sí; soy muy morboso y no sabés cómo me gusta mirarme mientras la pongo en cuatro y le doy de atrás, por la concha y por el culo… o cuando hacemos un 69, mientras que ella me embadurna el orto con lubricante y me hace gozar con sus dedos —dije.

Me miró a los ojos y dijo:

—Uy, turro, no podés ser tan guacho; me estás haciendo calentar; jamás imaginé que fueses tan morboso, pareces un tipo tan serio…

Me acerqué y miré directo a su bulto. Martín no tenía manera de ocultar su erección; su pija estaba dura por debajo del toallón.

—Sí, veo; mirá cómo está tu caño… —dije, intentando abrir el juego.

Sin darle tiempo a pensar, tiré del nudo del toallón, dejándolo desnudo, y me arrodillé frente a él.

Martín se quedó duro, mirándome a los ojos. Sin dejarlo

reaccionar, le agarré la poronga y me la metí en la boca. Inesperadamente, Martín me agarró de los pelos, alejó mi cabeza de su pija y se paró.

—Pará, forro, ¿qué hacés?, ¿estás loco?, jamás cojí con hombres y no me atrae la idea. Disculpame, pero esto no es para mí; me parece que entendiste cualquier cosa —dijo enojado.

—Disculpame, *man*, pensé que podía ayudar a aliviar tu calentura —dije.

—No, *man*, gracias, pero paso —respondió Martín.

Fue a buscar su ropa, se vistió y comenzó a bajar la escalera. Lo seguí para abrirle la puerta, nos despedimos fríamente, le pedí nuevamente disculpas y se fue sin decir nada más.

Era la primera vez en la vida en la que me enfrentaba a semejante situación… ¿Martín divulgaría lo acontecido con la gente del gimnasio o lo mantendría entre nosotros? Obviamente, a ese *gym* no regresaría más y no se me ocurría qué excusa le inventaría a mi mujer. Estaba perturbado y una catarata de pensamientos comenzaba a invadir mi cabeza.

Ciertamente, no tenía idea de cómo haría para mirarlo a los ojos nuevamente y desde ya, sospechaba que jamás regresaría a mi casa. La situación tan incómoda que acababa de vivir me había quitado todo tipo de calentura. Fui a la cocina para comer algo al paso y me puse a ver TV en el *living*, hasta que quedé profundamente dormido.

Capítulo II

Avanzando un paso

Me despertó el sonido de una llamada entrante en mi celular. Eran las 18:00 y, para mi sorpresa, la pantalla indicaba que era Martín. No me animé a contestar y el teléfono dejó de sonar. Pasaron dos minutos, y nuevamente sonó. Mal que me pesara, de una u otra manera, en algún momento debería enfrentar la situación, así que mejor hacerlo rápidamente, por lo que decidí contestar.

—Hola —dije de manera seca.

—Hola, te llamo para disculparme por la reacción un tanto violenta que tuve hoy —dijo Martín.

—No, disculpame vos; realmente, me salió hacerlo sin pensar en nada y, de alguna manera, tu reacción fue lógica —dije.

—Mirá, la verdad es que me fui mal y me quedé mal el resto de la tarde. Fuiste muy amable al invitarme a la pileta, al prestarme ropa, al dejarme duchar; quizá hice o dije algo que te llevó a pensar de una manera equivocada —dijo Martín— y continuó:

—Si vamos a ser sinceros, realmente me hiciste parar la pija cuando comenzaste a hablar de las cosas que hacías con tu mujer y, obviamente, lo notaste; quizá eso te hizo pensar que yo estaba buscando otra cosa.

—El que hizo el primer comentario imaginando lo que yo hacía frente al espejo con mi mujer fuiste vos; vos comenzaste hablar de sexo. De todas maneras, todo bien, Martín, dejémoslo así; fue solo un malentendido. Lo que sí te pido es que lo sucedido quede entre nosotros.

Desde ya, olvídate… ¿Querés que vaya a tu casa y que lo charlemos personalmente? —preguntó.

Difícil dejarme sin palabras, pero Martín lo acababa de lograr; no supe bien qué responder. Meterlo en mi casa siempre había sido con una intención concreta. Después de lo acontecido, del enojo con el que se había ido y que ahora me estuviese proponiendo regresar para charlar sobre lo sucedido… realmente no supe cómo tomarlo ni en qué podría terminar.

—Me sorprendes, pensé que no me querrías ver más ni en figuritas, pero si querés venir, no tengo problemas; ya sabés que estoy solo y al pedo; vení y charlamos —respondí.

—Ok, en quince estoy ahí —dijo, cortando la llamada.

Realmente, me puse nervioso… Fui a la heladera para verificar que tuviese cerveza fría. Fui al baño, me puse una remera para no recibirlo solo en *bóxer*, regresé al *living*, puse música tranquila y me quedé esperando su llegada.

Escuché el sonido de un auto estacionando en la puerta y le envié un mensaje diciéndole que abriría el portón para que lo entrara al estacionamiento. Martín entró con su auto y me dirigí a la puerta principal para recibirlo.

Nos miramos, sonreímos y ambos hicimos un gesto de vergüenza. Martín se había cambiado de ropa; tenía una bermuda, una chomba celeste y estaba en ojotas. Lo invité a pasar, nos sentamos en el *living* y le ofrecí cerveza, que aceptó con gusto.

Fui hacia la cocina y regresé con dos botellitas, le alcancé una y me senté a su lado.

—Bueno, ya nos dijimos algunas cosas por teléfono —dije, como para romper el hielo.

—Sí, es verdad y, como te dije, fuiste muy amable y vuelvo a disculparme por la manera en la que reaccioné, pero entendé que jamás me había sucedido algo así —dijo Martín.

—Te comprendo, solo que, como tenías la pija parada y yo soy muy amplio con el sexo… En verdad, te confieso que soy bisexual y pensé que podría ayudarte —dije.

—Me dejás mudo —dijo Martín.

—Mirá… yo tomo mi bisexualidad con total naturalidad; sexo es sexo, sexo es placer, sexo es gozar; cada uno lo hace a su manera y de la forma que mejor le plazca; mientras que sea consensuado entre las partes, todo bien, ¿cuál es el problema? —dije.

Martín me miraba con los ojos bien abiertos y sin decir nada.

—Yo también tengo mis límites y hay cosas que no me van. Solo garcho con tipos que sean machos, no me van los amanerados, los trabas, ni el sexo escatológico, sado o cosas extremas; macho contra macho. ¿Nunca compartiste al menos una paja cruzada con un tipo? —pregunté.

—Ah, bue… veo que la tenés clara… Ya que te sinceraste de esa manera, la realidad es que compartí minitas con un amigo, participé en tríos con él y con varias trolas, pero nunca le toqué la chota intencionalmente; en verdad, y me da vergüenza decirlo, quizá se la agarré para embocársela en la concha o en el orto a alguna amiguita, pero hasta ahí llegué —dijo Martín.

—¿Experimentaste con doble penetración? —pregunté.

—Sí, lo hice varias veces —respondió Martín.

—¿Y no te calentaba la presión de las dos chotas dentro de la minita o de ver cómo tu amigo se la empomaba? —pregunté.

—La verdad es que sí, pero nunca se me cruzó la idea de garchar con mi amigo —respondió.

Miré hacia su entrepierna y noté que, como había sucedido al mediodía, se le había comenzado a parar la pija. Era evidente que estaba muy caliente y que la conversación cargada de contenido sexual nuevamente lo estaba comenzando a encender.

—Te hago una pregunta —dije.

—Decime —dijo Martín, con gesto de intriga.

—Pensalo de esta manera: ¿qué diferencia existe entre que te la mame una mina y que te la mame un tipo?

Martín quedó un momento callado, mirándome fijamente a los ojos y finalmente respondió.

—Si lo planteas de esa manera, si cierro los ojos mientras lo hacen, en verdad, no existe diferencia; ambos tienen boca y lengua, los dos chupan igual… Va, imagino, nunca me la chupó un tipo. Solo que, en el contexto, verle las tetas a una mina mientras te la está chupando no es lo mismo que tener delante a un flaco en bolas… No sé, nunca me imaginé a un flaco tirándome la goma —respondió Martín.

—Mirá, las dos son bocas, pero te aseguro que las mamadas

24

que da un tipo son mejores que las de las minas; es más, me atrevería a decirte que los flacos activos la maman mejor que los pasivos. El hombre sabe cómo darle placer a otro hombre, mejor que una mina —dije.

Adrede, miré nuevamente hacia su entrepierna, para luego mirarlo a los ojos y volver a su entrepierna. Quería que se diera cuenta de que me había percatado de su erección y, como ya no tenía nada que ocultarle, poco me importaba ser explícito con la mirada.

—Veo que nuevamente se te puso dura —dije.

Martín me miró con un gesto de vergüenza.

—Boludo, te conté que hace meses que no la pongo y vos me haces esta clase de comentarios morbosos… ¿Cómo querés que se me ponga? —dijo.

Clavé mi vista nuevamente en su bulto y pasé mi lengua por mis labios para humedecerlos. Lo miré a los ojos, como pidiéndole autorización para hacer lo que había querido hacer al mediodía. En verdad, es lo que había querido hacer desde aquel día en el que lo vi por primera vez en el *gym*.

Me animé y apoyé la palma de mi mano sobre su cuádriceps izquierdo; Martín no dijo nada; lentamente la fui deslizando hacia su paquete y comencé a franelear el hermoso cilindro que esa mañana había tenido por breves segundos dentro de mi boca, y que se marcaba a través de su pantalón.

—Uy, papito… mirá cómo la tenés —dije, y pregunté— ¿me dejas?

Martín no emitió respuesta, solo se acomodó en el sillón,

abrió sus piernas, apoyó su espalda en el respaldo y se quedó quieto.

Medio temeroso por lo acontecido al mediodía, pero tentado por la situación y empujado por su silencio, me animé y bajé el cierre de su braqueta, desabroché la cintura y busqué con mi mano ese tronco tan necesitado de afecto.

Me quedé mirando ese caño, que lo tenía a centímetros de mi cara… grande, grueso y largo; imaginé que era similar al mío, sin depilar, al natural, como a mí me gusta.

Pegué su pija a mi cara, elevé la mirada para verlo a los ojos y, sin más trámite, poniendo la mejor cara de depravado, la introduje en mi boca y comencé a mamársela lentamente. Estaba dispuesto a regalarle la mejor mamada que jamás hubiese tenido.

Uf —fue la única exclamación que emitió Martín.

La saqué de mi boca, cargué saliva y la escupí sobre su pija. Comencé a mamársela como si me estuviese comiendo lo más rico del mundo y, ciertamente, para mí, en ese momento, su pene era el más codiciado manjar.

Noté que, lentamente, Martín se iba relajando y que emitía sonidos de placer. Elevó sus glúteos, permitiendo que deslizara su bermuda hacia el piso, dejando su verga absolutamente expuesta y entregada.

—No te la puedo creer; sos un recontra comilón, guacho, cómo me la estás mamando —dijo.

Atrapé su glande con mis labios y tomé con una mano su tronco. Intercalaba succiones con lengüetazos y con escupidas, mientras que lo pajeaba con la mano. Descendí hacia sus bolas y comencé a lamérselas, metiéndome un huevo y después el otro, sin dejar de masturbar su pija.

Martín comenzó a elevar su pelvis para cojerme la boca.

—Qué pija divina tenés, papá; parejita, igual de ancha en la base que en el glande… Me encantan las pijas así; imagino que estás sanito, ¿no? —pregunté.

—Sí, nene, despreocupate —respondió.

Mi única preocupación era que Martín se había comido a muchas minas, pero como hacía poco que se había separado, maginé que, seguramente, para cuidar a su mujer, siempre había tomado los recaudos pertinentes como para no correr riesgos.

—Uy, boludo, tenías razón… la mamás más rico que la más puta… —dijo casi susurrando y con voz entrecortada.

Tomó mi cabeza con ambas manos y empujó, impidiendo que su pija saliera de mi boca. Incrementó el ritmo y comenzó a gritar:

—Sí, sí, cométela, me vengo, qué placer, boludo, me vuelvo loco, me vengo.

Rápidamente, sentí que un litro de leche invadía mi boca; tragué una parte y el resto se escurrió por la comisura de mis labios; pocas veces había visto a un macho largar tanta leche.

Saqué su pija de mi boca para refregármela por la cara, viendo que su glande continuaba despidiendo leche. Martín emitía gritos acompañando cada eyaculación. Cerré los ojos y continué mamándosela, mientras que sentía los espasmos y las contracciones que continuaban invadiéndolo.

Martín quedó tirado sobre el respaldo del sillón, con las piernas estiradas y completamente relajado.

—Veo que estabas un poco cargado, *man*, nunca vi salir tanta leche de una pija —dije.

Uf, en mi vida había acumulado tanto, ni había pasado tanto tiempo sin garchar… Tremendo, *man*, ¡flor de mamada que me pegaste! —dijo.

Limpié el semen que tenía desparramado por mi cara. Recolectándolo con los dedos y mirándolo a los ojos, comencé a llevarlo hacia mi boca para no desperdiciar ni una gota.

—Uy, *man*, sos muy puto, cómo disfrutás tragando guasca… Hay muchas minas que no quieren hacerlo y vos lo disfrutas como loco… Tan machito y flor de trolo resultaste —dijo Martín.

Volví a meter su pija en mi boca y noté que rápidamente volvía a ponerse dura. Este pibe necesitaba descargar por un buen rato como para quedar mansito y relajado.

Me incorporé y, aunque creí que se negaría, lo invité a ir al cuarto para estar más cómodos. Para mi sorpresa, se incorporó, se subió su bermuda y me siguió sin decir nada.

Entramos al dormitorio y lo invité a que se pusiera en bola. Tímidamente lo hizo y se sentó en el borde de la cama, cual principiante y sin saber cómo actuar.

Mi pija hacía carpa por debajo del *bóxer*. Me saqué la remera y luego bajé mi *bóxer* para quedar completamente en pelotas.

—Ah, bué… ¡Cómo venís equipado! Flor de pija tenés,

man. —exclamó Martín.

Tras sonreír sin decir nada, me acerqué a la cama, me arrodillé y comencé a mamársela nuevamente.

—Qué rico, qué rico, la mamás nene —dijo Martín, que apoyaba sus brazos sobre la cama para quedar recostado y con los ojos cerrados.

Mientras que se la seguía chupando, estiré el brazo hacia la mesita de luz, agarré un frasco de lubricante y una caja de preservativos; unté mi mano libre y con los dedos, comencé a lubricarme el ano, dejándolo listo para el paso siguiente. Martín continuaba con los ojos cerrados y disfrutando de la tirada de goma que le estaba dando; yo tenía miedo de hacer las cosas rápido, logrando que se arrepintiera.

Noté que comenzó a acelerar los gemidos y que se estaba poniendo colorado. Rápidamente, saqué su pija de mi boca, calcé un preservativo en su pene y, antes de que se diera cuenta de lo que estaba sucediendo, me paré en la cama y comencé a bajar en cuclillas, embocando su pija en mi ano. Bajé hasta sentirla apoyada y ahí me dejé caer lentamente, metiéndomela entera, sin tiempo de juego previo como para dilatármelo, ya que hubiese corrido el riesgo de que se arrepintiese y que se fuera.

Martín abrió sus ojos y exclamó:

—No, no te la puedo creer.

Era yo el que no lo podía creer; tres años viendo a este macho en el *gym*, imaginándome todo tipo de cosas, y finalmente lo tenía tendido en mi cama, clavándome hasta el fondo su deliciosa poronga.

—Sos un hijo de puta, salí, levantate —dijo.

Haciendo caso omiso a su pedido, cerré mis ojos e intenté relajarme, para hacer que el dolor de haberme enterrado ese caño sin juego previo diera paso al placer. Lentamente, comencé a darle ritmo a mis movimientos, subiendo y bajando cada vez más rápidamente, mientras le tocaba el pecho, jugando con mis dedos entre sus vellos.

Finalmente, sus prejuicios y conceptos fueron superados por la necesidad y por la calentura que tenía. Sentía su caño como un mástil dentro de mí y apreté mi ano como para atraparlo firmemente, haciendo que su placer fuese mayor.

Para mi sorpresa, tomó mi cintura con ambas manos para manejar el ritmo de mis movimientos.

Arriesgándome a que todo terminara ahí, pregunté:

—¿Querés probar otra posición?

Martín abrió los ojos y no contestó.

Me incorporé, haciendo que su poronga saliese de mi ano y me puse de rodillas en el borde de los pies de la cama, dejando mi culo bien parado, dispuesto a que me embistiera por detrás. Martín se incorporó y observé a través del espejo que se paraba detrás de mí. Hermoso ver su cuerpo armonioso y peludo reflejándose en el espejo, con sus músculos no exagerados, con su pene erecto y con una cara de morbo total, que jamás le había visto. Nos miramos a los ojos a través del espejo, sin decir una palabra y diciéndonos todo.

Sin hablar, me estaba diciendo: *"Vos querías pija, ahora aguantate lo que se viene"*.

30

Se lubricó nuevamente la punta de su chota y la apoyó sobre mi ano; con ambas manos tomó mi cintura por detrás y empujó su pelvis hacia adelante. Sentí como se me abría el orto nuevamente y me lo llenaba por completo con su miembro.

Hice un gesto de dolor, que pronto se convirtió en uno de placer. Martín comenzó a bombearme con un ritmo lento, mientras que yo giraba la cabeza y veía en el espejo cómo sus nalgas musculosas y peludas se contraían con cada embate que me daba, cosa que me excitaba aún más. Dejé que tomara su ritmo y que controlara los movimientos; supo llevarme a un punto en el que comencé a moverme más y más, suplicando por pija y por más pija. Continuó con ambas manos apoyadas en los costados de mi cadera y agarrándome firmemente.

Noté que comenzó a aumentar la potencia de las embestidas; había logrado llevarme a un estado de éxtasis difícil de explicar. En ese momento, hubiese cedido a cualquier reclamo.

—No aguanto más —dijo Martín.

—Dame leche, papá, llename —contesté.

Inmediatamente, comenzaba a gritar y a tener espasmos, mientras que largaba semen dentro de mí. Sentía sus espasmos que no hacían más que incentivar mi deseo por pedir más y más; me lo quería comer entero... ¡Qué lindo macho!

Finalmente, sacó su caño de mi orto, se quitó el preservativo y quedó desplomado boca arriba sobre la cama.

Vi su cara colorada y empapada, con las venas de las sienes marcadas y latiendo... Comenzó a sonreír, emitiendo sonidos entrecortados por la agitación.

—No lo puedo creer —dijo.

Yo me sentía en el límite de la excitación, pensando en lo que acababa de suceder; viendo a Martín exhausto, tirado sobre mi cama.

Me acerqué a su cara completamente sudada y dije:

—¿Estás más relajado ahora?

—Sos un hijo de puta —respondió.

Comencé a bajar por su pecho peludo, mordí sus tetillas, pasándole la lengua por todos lados, hasta llegar a su pija semierecta. Por la punta de su glande asomaba una gota de semen, que limpié con la punta de mi lengua.

Volví a engullirme su pene, notando cómo comenzaba a ponerse firme nuevamente.

A pesar de los meses que llevaba sin tener sexo y de su estado físico, me llamó la atención que luego de dos polvos, tan rápidamente se le estuviese parando.

—*Man*, pará, ¿no tenés límites? Me la vas a gastar. ¿No te cansaste de chupármela? —dijo Martín.

Lo miré a los ojos, saqué su pija de mi boca y respondí:

—Con un papi como vos, no me puedo cansar nunca; puedo continuar toda la noche. ¿Para qué crees que entreno en el gimnasio? —dije sarcásticamente.

Continué mamándosela dulcemente, metiéndomela hasta donde podía y sacándola, hasta que quedé besando solo la punta. Comencé a chuparle las bolas y me animé a descender más cerca de su ano. Note que Martín comenzó a hacer unas muecas de placer, como no entendiendo qué le estaba haciendo, o no conociendo que podía sentir placer en esa zona, que, evidentemente, nunca había sido explorada.

—¿Nunca te chuparon el orto? —pregunté.

—No, nunca y no creo que alguna vez me lo hagan —dijo.

Pensé: *"Eso vamos a descubrirlo ahora mismo"*.

Puse foco en su perineo; comencé a recorrer con mi lengua desde la punta de su glande hasta la puerta de su ano y permanecí en esa área, lamiéndolo de un lado al otro, apretando y pasando la lengua desde las bolas hasta cerca de su orificio. Me engullí nuevamente su pija, que estaba nuevamente como un tronco, y comencé a bajar hacia sus bolas.

Pasé mis brazos por debajo de sus piernas y las coloqué sobre mis hombros para disponer de su culo a mi voluntad.

Martín permanecía con los ojos cerrados y con los brazos cruzados por detrás de su cabeza.

Bajé y fui con mi boca directo a su orificio; se lo escupí bien, llenándoselo de saliva y comencé a lamérselo, introduciéndole lentamente la punta de la lengua. Martín comenzó a retorcerse de placer.

—Qué flor de hijo de puta que sos, nene. Jamás imaginé que se pudiese sentir tanto placer en esa zona —exclamó.

Tomé el frasco de lubricante y comencé a embadurnar bien su culo, mientras que ponía un preservativo en mi pija, que ciertamente no tiene el tamaño ideal como para desvirgar a nadie.

En verdad, estaba seguro de que, cuando Martín notara lo que estaba por hacer, me lo impediría y hasta se enojaría, pero estaba dispuesto a correr el riesgo e intentarlo.

Acomodé bien sus piernas por sobre mis hombros y apoyé mi glande en su ano. Recién ahí, se dio cuenta de lo que estaba pasando, abrió los ojos e intentó incorporarse, pero no pudo; cruzándole los brazos por detrás de sus piernas, lo tenía dominado. Presioné levemente mi glande sobre su ano.

—Para, hasta acá llegué, ni en pedo me cojés —dijo enojado.

Pude ver su cara de temor.

Ayudado con los brazos, deslizó su cuerpo hacia atrás para alejarse de mí e intentó bajar las piernas para incorporarse. Yo siempre pensé que las cosas debían hacerse con el consentimiento de las partes y, a pesar de que estaba descontrolado, me di cuenta de que necesitaba laburarlo más como para lograr que cediese. Realmente, tenía el deseo de violarlo, pero, claramente, no era la manera.

Dejé que bajase sus piernas y me tiré a su lado.

—¿Te gustó la chupada de orto que te di? —pregunté.

—Increíble, *man*, pero cojerme no; eso sí que no —dijo.

—Relajate, no va a pasar nada que no quieras que pase —dije.

Martín dejó sus brazos peludos tendidos al lado de su cuerpo. Su pene continuaba erecto como un tronco, por lo que

34

me dirigí hacia allí para pegarle otra mamada.

Descendí hacia su ano para comenzar con el mismo trabajo que le había hecho previamente, elevando nuevamente sus piernas y apoyándole mi glande.

—¿Qué parte no entendiste? Tenés la idea fija, querido…
—dijo Martín.

Claramente, no cedería a ser penetrado y, si mi meta era esa, debería buscar otra estrategia.

—Estoy con la chota a punto de explotar, boludo —dije.

—Y bueno, pajeate, pero en mi orto no entra —respondió.

—Al menos ayudame, pajeame vos —dije.

—Ni en pedo, *man*.

Estaba todo dicho; Martín no se dejaría cojer, no me la tocaría y menos aún me la mamaría, por lo que me tiré a su lado sin tocarme y permanecí a la espera de que se me fuese la erección. No quería descargar, por si llegase a producirse algún milagro que me permitiese avanzar hacia mi objetivo.

Le pregunté si quería darse una ducha y aceptó. Me quedé tirado en la cama, pensando en qué movida podría hacer como para mantener a Martín en casa... Algo se me ocurriría, pero debería ser rápido. Ya estaba cerrando las llaves del agua y en breve saldría del baño, se vestiría y se marcharía…

Capítulo III
Noche gloriosa

Me incorporé y fui hacia el baño para cepillar mis dientes y para tomar una ducha. Martín aún permanecía dentro de la bañera y estaba terminando de secarse.

—Uf, ahora es otra cosa —dijo.

—¿Te referís a la descarga o a la ducha? —pregunté sarcásticamente.

—A ambas cosas —respondió.

Su comentario me estaba dejando en claro que *"el Señor"*, muy macho, muy firme y violenta su reacción del mediodía, tan reacio a que se la mamara, pero, finalmente, estaba aceptando que el sexo era sexo y que una boca era una boca.

—Me doy una ducha rápido y salgo —dije.

—Dale, me visto y te espero abajo —contestó Martín.

Salió del baño y yo me metí bajo el agua pensando en qué hacer para retenerlo.

Me sequé, me puse un *short*, una remera y bajé las escaleras.

Vi que Martín estaba sentado en una reposera cerca de la piscina, lo que me hizo imaginar que no debería tener ningún programa ni apuro por irse.

La noche se presentaba espectacular, el cielo completamente despejado y estrellado; la temperatura había descendido bastante, por lo que se podía ver el vapor en la superficie del agua, ya que siempre dejaba la caldera encendida para mantener la temperatura agradable, sea invierno o verano.

—Hermosa noche —dije.

—Sí, un poco fresca, pero realmente espectacular. Veo que mantenés el agua templada —dijo Martín, que había notado el vapor en la superficie.

—Sí, me gusta nadar, así que intento mantener el agua templada la mayor cantidad de meses al año; al no estar cubierta, salvo que la temperatura ambiente esté por debajo de los 10° C, se mantiene bastante bien. ¿Querés meterte? —pregunté.

—No, no, estaría bueno, pero me da paja tener que cambiarme nuevamente —contestó Martín.

Mi comentario no había sido premeditado, sino que surgió espontáneamente, pero imaginármelo en pelotas, dentro de la piscina, realmente, resultaba una imagen digna de un *spot* publicitario.

—Che, ¿tenés planes para esta noche? —pregunté.

—No, nada de nada, ¿por? —dijo Martín.

—Si tenés ganas, pedimos unas pizzas o unas empanadas y cenamos acá, al aire libre —dije.

—Dale, estaría bueno, acepto —contestó.

Nos decidimos por un par de pizzas y, para hacerla completa, pedimos 1 kg de helado.

Nos quedamos conversando al borde del agua, esperando que llegase el *delivery*.

Sonó el timbre y me levanté para ir a la puerta.

—Bancá que te doy dinero —dijo Martín.

—Dejate de joder, yo invito —respondí.

Fui hacia la puerta y, por un instante, se me cruzó la imagen de esas escenas _cliché_ que uno ve en las películas, del _delivery boy_ que termina garchando con el dueño de casa, y me imaginé un trío con Martín y con ese pibe…

Rápidamente regresé a la realidad, agarré las dos cajas de las pizzas y pagué. El _delivery_ se estaba yendo y simultáneamente llegaba el del helado… En mi cabeza, había comenzado a escribir el guion de una película porno…

Entré a la casa cargando los pedidos. El helado y una botella de espumante al _freezer_, pizzas sobre la mesada, y Martín, que se acercaba para ayudar.

—¿Vino?, ¿cerveza? —pregunté.

—Si a vos te da igual, para acompañar pizzas prefiero cerveza —respondió Martín.

—Dale, agarrá de la heladera que hay varias botellas —dije.

—¿Cubiertos o con la mano? —pregunté.

—Dejate de joder, con la mano —respondió Martín.

Agarré un par de platos, servilletas y vasos que puse sobre las cajas de las pizzas y fuimos hacia el jardín.

—Me voy a quedar en patas, che —dijo Martín.

—Hacé lo que quieras, pa, sentite como en tu casa —dije.

Pasamos un momento realmente agradable y distendido, en el que nos contamos un poco sobre nuestras vidas. Martín se explayó sobre la historia de su matrimonio, me contó sobre los problemas que venían teniendo y sobre la reciente separación.

La situación sí que había virado hacia un rumbo sumamente extraño. El tipo que tanto me calentaba en el _gym_ estaba sentado frente a mí, en mi jardín, clavándose una pizza, tomando cerveza, charlando como si fuésemos amigos, cuando, al mediodía, se había ido enojado por mi intento frustrado. Finalmente, se la había mamado y me había empomado… Todo muy raro y surrealista.

Sin darnos cuenta, de a poco y distendidos, entre porción y porción, nos habíamos bajado dos botellitas de cerveza cada uno. Yo no estaba acostumbrado a tomar tanto y me sentía afectado por el alcohol. Por el brillo en los ojos de Martín, imaginé que él tampoco debería estar acostumbrado.

—No doy más, boludo, estoy que exploto —dijo Martín, recostándose en el respaldo de la reposera y estirando sus piernas.

—Yo tampoco, pa, comí, tomé y cojí mucho, pero acordate de que queda el helado —contesté.

—No hablemos más de sexo, que se me pone nuevamente la pija dura, y con lo entregado que estoy, no sé cómo puede terminar la noche —dijo Martín.

Sin decir nada, aunque decodificando su comentario, copié lo que había dicho Martín; me recosté en la reposera y permanecí boca arriba, relajado, mirando el oscuro cielo estrellado y disfrutando de su amena compañía.

Abrí los ojos y me di cuenta de que me había quedado dormido por un rato. Martín tenía la cabeza girada hacia mi lado y estaba plácidamente dormido; respiraba profundamente y tenía dibujado en su rostro una cara de placer indescriptible.

Claro, pensé; le había sacado dos tremendos polvos, sumado a la tensión previa, a la comida y al alcohol… Combo perfecto para que cayera en un profundo sueño.

Fui hacia la cocina para preparar café, pensando en que, si Martín no se despertaba, para no interrumpirle el sueño, lo dejaría durmiendo allí.

Los perros de la casa vecina comenzaron a ladrar. Miré hacia el jardín y vi que Martín se estaba desperezando y que, lentamente, se incorporaba. Caminó hacia la cocina, aún con los ojos semiabiertos.

—Buenas noches —dije sonriendo.

—Uy, boludo… me quedé profundamente dormido —dijo.

—¿En serio? No me había dado cuenta —dije riéndome.

—Me pegó mal la cerveza —dijo.

—Sí, pa, yo también me quedé dormido; recién me desperté —dije.

—Creo que, de no ser por esos perros de mierda, hubiese seguido durmiendo hasta mañana —dijo Martín.

—Sí, me imagino que sí. No es frecuente que ladren. ¿Café? —pregunté.

—Dale, así me despierto para manejar hasta casa —respondió Martín.

—Che, falta el helado y el espumante que esperan en el *freezer* —dije.

—Naaa, *man*… ¿Vos me querés matar? —respondió Martín.

—No, en verdad te quiero emborrachar —dije bromeando.

—Boludo, tengo que volver a casa —dijo Martín.

—Pero ¿tenés que fichar o te espera alguien? —pregunté.

—No, bolas —contestó.

—Entonces, ¿cuál es el problema? El auto lo tenés adentro, te quedas a dormir y mañana disfrutamos de un día de pileta —dije.

Martín me miró sorprendido por la propuesta, pero no dijo nada. Creo que no se lo esperaba y, a decir verdad, yo tampoco lo esperaba, ni tenía planeado hacerle semejante invitación.

Serví café y nos quedamos sentados en la barra de la cocina.

—¿Helado? —pregunté.

—Bueno… dale, ya que estamos, hagámosla completa; mañana a correr 10 km para al menos compensar algo —dijo Martín.

—Dale, mañana vamos juntos al río… de todas maneras, no te olvides que el sexo ayuda a quemar calorías —dije.

—Tenés la idea fija, *man* —dijo Martín.

—No, ¿por qué?, ¿no es verdad lo que digo? —respondí.

En verdad, Martín estaba en lo cierto… Yo tenía la idea fija y pretendía continuar garchando con él; de ser posible, toda la noche y lo que quedaba del fin de semana.

Saqué el helado y la botella de espumante del *freezer*, agarré dos cucharitas, dos *bowls*, dos copas y regresamos al jardín.

—Pará, boludo, en serio, el alcohol me pega fuerte, no estoy acostumbrado —dijo Martín.

—Dejate de joder… Nada más placentero, además del sexo, que un buen helado y un rico espumante bien frío —dije.

El café y el aire fresco comenzaban a despejar nuestras mentes, aunque rápidamente, las burbujas del espumante nos fueron sumergiendo en un estado de somnolencia, de relajación y de entrega.

Me incorporé y me acerqué a Martín; me senté en el borde de su reposera y acerqué mi cara a la suya… Noté que estaba perdido en sus pensamientos, quién sabe por dónde.

Me animé y le clavé un profundo beso de lengua. Pude percibir la fusión de sabores del café, del helado y del espumante. Era la primera vez que nuestras lenguas por fin se cruzaban.

Casi susurrando, Martín dijo:

—Me querías tener entregado así, turro… Sabés que despierto y en mis cabales, no te dejo hacer esto —dijo.

En verdad, me había resultado llamativo que Martín no hubiese intentado alejar su cara para impedir el beso; estaba claro que el alcohol y el cansancio le habían bajado las defensas.

Sin responder y ex profeso, incliné mi copa de champagne para dejar caer el contenido sobre su pecho.

—Ups… ¿y ahora qué hacemos? —dije.

Martín no respondió; realmente, estaba entregado; parecía como anestesiado.

Comencé a subir su remera, dejando su abdomen y su pecho descubierto y empapado en alcohol. Recorrí con mi lengua su anatomía desnuda como si fuese un helado. Volqué unas gotas sobre sus tetillas; Martín, a través de dos espasmos, hizo acuse de recibo del contacto de su templado cuerpo con el frío líquido. Elevé sus brazos y le saqué la remera, dejándolo solo con la bermuda.

Tomé su mano y lo invité a que se incorporara. Lo abracé, lo besé y, agarrándolo de la mano, lo guié hacia la casa; subimos la escalera y nos dirigimos nuevamente hacia mi cuarto.

Ingresamos y ayudé a Martín para que se acostara en mi cama. Desabroché la cintura de su bermuda, bajé la cremallera y lo deslicé hacia sus pies. Martín yacía boca arriba, solo con un *bóxer* blanco ajustado que cubría su sexo.

Me desvestí y me acosté a su lado. Martín solo hacía movimiento acomodando su cuerpo sobre la cama, como buscando

44

la posición más cómoda como para quedarse dormido.

Tomé la cintura de su *bóxer* y lo deslicé por sus piernas, para dejarlo completamente desnudo. Quedé sentado, contemplando la espectacular imagen de tenerlo tendido en mi cama, desnudo y entregado. Mi chota era una roca, ya que aún no había descargado y había guardado mi esperma a la espera de poder utilizarlo con Martín. Tuve un sentimiento ambiguo de deseo y de remordimiento, que no me permitía discernir si dejarlo dormir tranquilo o si aprovechar la situación para avanzar y someterlo a mis deseos más primitivos.

Comencé a recorrer su cuerpo con mis manos y estando muy atento a su reacción. Martín solo dibujaba una expresión de placer con sus labios, lo que me alentó a continuar. Toqué cada parte de su anatomía; me acosté sobre él y comencé a besarlo y a recorrerlo con la lengua, desde la frente hasta sus pies, concentrándome en percibir la mezcla de aromas a macho, mezclado con el olor del espumante que aún impregnaba su boca y su pecho.

Tomé su pija con mi mano y comencé a masturbarlo; bajé con mi boca y se la chupé tiernamente. Martín continuaba inmerso en un limbo de relajación y de placer.

Tomé el frasco de lubricante, lo sostuve sobre sus bolas y dejé caer un delgado hilo. Percibí su espasmo cuando el gel frío hizo contacto con su cuerpo y comencé a desparramárselo con ambas manos por sus bolas, por su pija, por su perineo, por sus nalgas, hasta llegar a su ano.

Su pija se había puesto firme, como si hubiese pasado mucho tiempo sin que la usara. Metí mi lengua entre sus piernas y comencé a subir por su chota, lamiéndole el ombligo, el pecho, las tetillas, las orejas… Noté que Martín aceleraba su respiración.

Muy morbosamente, con mi boca al lado de su oído le pregunté:

—¿Te gustó la cojida que me pegaste hoy?

—Seeee —respondió, casi imperceptiblemente.

—Macho, después de llenarme el orto, te la mamé y seguías largando leche; sos un semental —dije.

—Muchos meses sin ponerla, pa —contestó sonriendo.

Muy despacio, acerqué mis labios a los suyos y comencé a besarlo bien despacio; comí su boca como si fuese una frutilla y pensando en el próximo movimiento por hacer.

Bajé por su barbilla, lamí su nuez de Adán y continué bajando con mi boca hasta llegar a su pene; giré mi cuerpo posicionándolo como para hacer un 69. Vi a través del espejo que tenía mi poronga al lado de su cara y la suya la tenía agarrada firmemente con mi mano. Decidí que lo mejor era no hablar, comenzar a hacer lo mío y quedar a la espera de su reacción.

Comencé a mamarle la pija con sumo placer y los astros se alinearon a mi favor, ya que Martín se animó y metió mi poronga en su boca, que, en ese momento, estaba firme como tronco.

Se la sacó y dijo:

—¡Qué pedazo de caño tenés, turro!

—No es más grande que el tuyo, nene —contesté.

Ni en mis más osadas fantasías podría haber imaginado que Martín, alguna vez, pudiese llegar a hacer lo que estaba haciendo en ese momento.

Con su pija nuevamente en mi boca y con su culo cerca, tomé nuevamente el frasco de gel y comencé a masajearle bien las bolas y los glúteos, entrando por su raya, subiendo y bajando; haciendo círculos con los dedos alrededor de su ano. Noté que, sin sacarse mi pija de su boca, comenzó a emitir gemidos. Lentamente, logré introducir un dedo en su estrecho ano y no opuso resistencia; solo apretó más fuerte mi pija.

Yo sabía que no tenía mucho margen antes de acabar; estaba demasiado caliente y aún no me había venido nunca.

Siempre lograba mantener el control de mis eyaculaciones, pero esta vez, aunque intenté demorarla, ya había cruzado la línea del no retorno. Le avisé a Martín que me venía; sacó mi miembro de su boca y comenzó a pajearme.

Ya sin control, comencé a largar leche frenéticamente, mientras que veía a través del espejo cómo la cara de este hermoso potrazo se llenaba de semen.

Esa imagen me invitó a incorporarme inmediatamente y comencé a limpiarle la cara con mi lengua, hasta tragar la última gota de mi propio esperma... Martín, ante el desenfreno de la situación, estaba como entregado.

—Me llenaste la cara de guasca y ahora me la lames… No podés ser tan asqueroso, *man* —dijo Martín, que continuaba con su caño erecto.

Yo sabía que el mío, rápidamente, también lo estaría.

—¿Querés ver cuánto más asqueroso puedo llegar a ser? —dije.

Con la intención de que probara mi crema, pasé mi lengua por sus labios. Martín, poniendo cara de repulsión, los apretó, intentando que no ingresara a su boca ni una sola gota. La imagen me descontroló y prácticamente lo obligué a que la abriera, dándole un beso blanco y profundo, logrando que una buena cantidad de esperma ingresara en su boca.

—Saborealo, papito, saboreá mi semen —dije.

—Es un asco, sos un asqueroso pervertido —dijo Martín.

Sin más palabras, regresé a su poronga y a jugar nuevamente con su orto.

—Sí, guacho, cómo me estás haciendo gozar, la concha de tu madre —dijo Martín.

Comenzó a mover el culo, empujando, como buscando más, por lo que me animé y, muy lentamente, le introduje un segundo dedo. Martín emitió un gemido, pero no dijo nada. Sin demoras, fui directo a buscar su próstata para masajeársela y exacerbar su excitación.

Observé cómo su cara se había puesto colorada y cómo las venas de sus sienes latían; lo había llevado a un grado de placer que jamás había experimentado con una mina.

Puso una mano sobre mi cabeza y comenzó a ejercer presión para llevarla hacia su pija.

—Me vengo, boludo, me vengo… va mi tercer polvo del día —dijo, con voz entrecortada.

Continué engulléndome su poronga, a la espera de que fluyera el más delicioso dulce.

Escuché un grito ahogado y sentí que mi boca nuevamente se llenaba de leche, que tragué en su mayoría, mientras que otra parte se deslizaba por la comisura de mis labios. Parecía que no pararía más de salir fluidos de su glande.

No quería largar esa pija, estaba disfrutando como jamás en la vida lo había hecho y para Martín, era el inicio a una nueva dimensión en el universo del goce sexual. Continué subiendo y bajando con mi boca, hasta hacer que no quedara una sola gota por salir.

Su miembro comenzó a encogerse. Martín ya iba por su tercer polvo y mi pija estaba nuevamente erecta.

Nos quedamos tirados un rato, sin decir palabra, ambos exhaustos por lo acontecido, los dos sorprendidos; imagino que él más que yo.

Pusimos las almohadas en el respaldo de la cama y nos recostamos relajados. Comenzamos a conversar, mientras que, con una mano, comencé a recorrer su brazo, continuando por su panza y por su pierna.

—Imagino que tenés mucha experiencia en camas con hombres, ¿no? —preguntó Martín.

—Sí, realmente sí, y lo disfruto mucho; para mí, la única condición es que sean bien machos, bien hombres, tipos de barrio... —dije.

—Ni travas ni maricas —dijo Martín.

—Tal cual, vuela una pluma y se me va el morbo; tampoco

me calienta el tipo súper producido, con exceso de musculatura y de cremas, como algunos que hay en el *gym* —contesté.

Yo continuaba con las caricias y noté que su pija nuevamente se estaba poniendo dura.

Giré hacia él; comencé a besarlo y a lamerlo dulcemente. Volví a levantar sus piernas para tener disponible su culo que estaba embadurnado de gel y saliva y comencé a trabajárselo. Martín cerró sus ojos y se deslizó un poco hacia mí.

Continué trabajándole el orto muy despacio y, sorpresivamente, Martín cruzó ambas manos por detrás de sus piernas, llevando las rodillas hacia su pecho y dejando absolutamente expuesto su ano. Tomé su actitud como señal de luz verde.

Apoyé nuevamente la punta de mi pija en su ano y llevé sus piernas sobre mis hombros, porque quería verle la cara. Me incliné hacia él, hasta llegar con mi boca al lado de su oído, haciendo que nuestros pechos peludos se rozaran.

—¿Estás bien? —pregunté.

—Sí —respondió, casi imperceptiblemente.

Noté su respiración profunda, su agitación; imagino que mezcla de calentura y de temor, su cara colorada y, nuevamente, las venas de sus sienes hinchadas.

Quedándonos en esa posición y muy despacio, aflojé mis brazos como para que mi pija comenzara a dilatar su ano. Martín aceleró su respiración y dijo entrecortado:

—Pará, varón, no sé si me animo, no sé si quiero… muy despacio, despacito, hacerme gozar, pero no me lastimes. —dijo Martín.

Creí que, en ese preciso momento, me explotaría la poronga. Me detuve y quedé a la espera de que Martín se relajara.

Lamí sus orejas, sus labios, sus ojos. Percibí que su ano lentamente cedía y que mi glande suavemente se abría camino. Permanecí inmóvil a la espera de su reacción.

Martín, repentinamente, me abrazó.

—¡Me estás cojiendo turro! —exclamó.

Comencé a morderle el cuello y a abrazarlo; me dejé caer lentamente, lo que produjo que mis veinte centímetros de carne terminasen de enterrarse dentro de él.

—Pará, pará, es muy grande… —gritó Martín.

Ya era tarde; mi miembro completo lo estaba llenando y, finalmente, el ano virgen de ese potrillo estaba siendo taladrado por mi pene. Ese hombre, que desde hacía meses se había convertido en mi meta inalcanzable, estaba siendo sodomizado por mí.

A pesar de que se trataba de su desvirgue anal, imaginé que no podría estar sintiendo mucho dolor, ya que le había hecho una previa prolongada y magistral.

—Me llenaste entero; no puedo explicarte lo que estoy sintiendo —dijo.

—Sé perfectamente lo que sentís; relajate y concentrase en disfrutar al máximo —dije.

Comencé a moverme muy despacio, sacándosela y metiéndosela, pero siempre con el glande adentro. Martín no dejaba de abrazarme y emitía una exclamación acompañando cada embestida que le daba. Yo quería que gozara a *full*, porque mi intención era tenerlo de compañero de trampa, por lo que tuve mucho cuidado de no lastimarlo, ni en hacerle sentir dolor.

Lo mantuve así por un largo rato, penetrándolo, cojiéndolo amablemente; sintiendo como su estrecho orificio apretaba mi miembro, hasta que decidí sacársela completamente y me quedé tirado boca arriba.

—Macho, finalmente, perdiste la virginidad de tu orto —dije.

—Realmente, sos un hijo de puta, me aflojaste con el alcohol para poder sodomizarme… —dijo Martín.

—Pero me pareció que estabas gozando —dije.

—Me dio miedo, me dolió un poco, pero se sintió extrañamente lindo; sensación ambigua de dolor y de placer; creí que tu pija no terminaría de entrar nunca —dijo Martín.

—Bueno, nene, mirá cómo tengo la chota… dura como roca; relájate, continuá experimentando y disfrutando de mi pija —dije.

—No, no, no sé si quiero más… suficiente para mi orto por hoy y creo que por siempre —dijo Martín.

—No seas tonto, ya estás desvirgado y te gustó; ahora subite y probá de manejar vos el garche —insistí.

Martín se incorporó; quedando en cuclillas sobre mi poronga y mirándose en el espejo, comenzó a bajar. Ambos pudimos observar cómo mi miembro desaparecía entre sus nalgas. No podía creer tener a Martín sentado frente a mí, introduciéndose mi pija en su ano y por propia voluntad. Me hizo enloquecer de calentura el ver su lomo peludo, con los ojos cerrados y con el gesto de placer al subir y al bajar, mientras que se enterraba mi caño profundamente.

Franeleé su peludo pecho, su cara rasposa, agarré su pija… Me lo quería comer entero y de un solo bocado.

—¿Lo estás disfrutando? —pregunté.

—Esto es un placer inmenso, no puedo creer estar gozando así con una pija en mi orto —respondió Martín.

Noté que comenzaba a incrementar el ritmo. Veía sus cuádriceps marcados por el laburo de subir y de bajar, luciendo su miembro totalmente erecto.

—Me vengo —dijo Martín.

Sin siquiera tocar su miembro, largó un chorro de semen que llegó hasta mi cara, lo que me produjo una calentura extrema.

—Yo también me vengo —dije.

Martín se incorporó y, para mi sorpresa, metió mi pija en su boca y me la mamó hasta hacerla explotar adentro. Rápidamente se tiró sobre mí y comenzó a comerme la boca, mezclando su leche, que yo tenía depositada en mi cara, con la mía, que él tenía dentro de su boca… Nos lamimos y lengüeteamos bocas, caras y lenguas, como si fuesen helados.

Nos quedamos callados y tirados boca arriba. Por mi parte, ni ganas de hablar. Martín, creo que estaba en un grado de relajación supremo, que no le permitió más que quedarse tirado e inmóvil.

Luego de unos diez minutos, dijo:

—No lo puedo creer… Necesito procesar todo lo que sucedió hoy… Tengo que replantearme veintiséis años de actividad sexual; a mis cuarenta y seis años, vengo a descubrir que me gustan las pijas y que disfruto garchando con hombres…

¡Encima, me eché cuatro polvos en un día, como si tuviese veinte años!

—Increíble tu carga sexual, *man,* y no te des máquina con el tema; lo rescatable e importante es que lo hayas disfrutado

y que lo hayamos pasado bien. No te enrosques en ponerles rótulos a lo que sucedió, ni en ponértelos a vos.

Tomé las copas de espumante, las llené nuevamente, brindamos, terminamos de beber y luego de un húmedo y frío beso, caímos profundamente dormidos.

Capítulo IV
Nuevo vecino

Fin de semana largo y el inusitado y cambiante clima de Buenos Aires nos regalaba otro día templado, con el termómetro rondando los 26° C en pleno mes de junio. Era sábado, me levanté temprano y pensé en terminar de colgar unos cuadros nuevos para dar por concluida la mudanza, pero decidí irme a correr al río y dejar los cuadros para después, si es que me quedaban ganas.

Por el horario, pensé que estaría solo, pero para mi sorpresa, no pude creer la cantidad de gente que se había juntado para practicar *roller*, andar en bicicleta, correr o simplemente caminar. Luego de haberme cruzado con tanto macho lindo, varios de ellos corriendo en cuero por la temperatura reinante, regresé al departamento caliente como pava.

Camino a casa, recibí un mensaje de mi mujer diciéndome que se iría a pasar el día a lo de su madre. Mi hijo se había quedado en casa de unos amigos, por lo que yo quedaba liberado por el resto del sábado. Llegué, me hidraté bien y me fui a bañar. Como me quedaba solo, me puse un *bóxer* de tela bien suelto y me quedé en cuero, tirado en la cama, haciendo un rato de *zapping*.

Me sobresaltó el timbre, ya que no era frecuente que llamasen directo a la puerta del piso, sin que previamente sonase el timbre de la calle. Observé a través de la mirilla y pude ver que, frente a mi puerta, estaba parado mi nuevo vecino, a quien aún no conocía personalmente, pero a quien ya había relojeado cuando se estaba mudando, porque me había resultado atractivo.

Como el *hall* es compartido solo por dos departamentos y

sabiendo que únicamente él podría verme, exprofeso, bajé la cintura de mi *bóxer* por debajo de la cadera y, medio desnudo, abrí la puerta.

El flaco vestía una bermuda blanca tipo cargo, lo que me permitió escanear rápidamente sus patas peludas; vestía una remera de manga corta ajustada y estaba descalzo. La imagen perfecta para hacer que mi pija saltase como resorte.

—Hola —dije.

—Hola, disculpame que te moleste, soy tu nuevo vecino, Gastón —dijo, presentándose.

—Qué tal, Gastón Gonzalo es mi nombre —respondí.

Nos estrechamos las manos y me di cuenta de que el flaco se había quedado medio cortado al verme en *bóxer*, descalzo y sin remera.

—Disculpame que te atienda así, recién llego de correr, me duché y estaba tirado en la cama boludeando —dije.

—Uy, no, discúlpame vos, no te quiero joder —respondió Gastón.

—No hay problema, bienvenido al edificio; ¿te puedo ayudar con algo? —pregunté.

—Te iba a pedir si me podías ayudar a poner un *LCD* sobre un mueble; la turra de mi jermu se fue y me dejó solo con la mudanza. Recién enchufo la heladera para tener algo fresco, porque ni siquiera fue capaz de hacer eso —dijo.

—No hay drama, pasá y bancame que me pongo algo, porque no voy a ir así… —respondí, haciendo una seña con el dedo apuntando hacia mi chota, pero refiriéndome a que no iba a ir en _bóxer_.

Noté que Gastón siguió con su mirada mi dedo y no dijo nada.

—Pasá, ponete cómodo, ¿te doy algo fresco? —pregunté.

—Dale, te agradezco —respondió Gastón.

Tomé una jarra de agua con hielo, agarré dos vasos y regresé al _living_.

—Tomá, ponete cómodo, me cambio y enseguida vengo —dije.

Fui hacia el cuarto, me puse un _short_ y una remera, mientras que Gastón hacía comentarios, ponderando cómo tenía puesto el departamento.

—Se ve que haces mucho deporte, porque tenés muy buen lomo —comentó, cuando regresé al _living_.

Aunque no esperaba un comentario así, naturalmente respondí:

—Sí y por lo que veo, imagino que vos también... ¿Vamos?

Nos fuimos a su departamento y levantamos el _LCD_ que pesaba bastante, ya que se trataba de uno de 55". Apoyamos la parte de la base de mi lado y me acerqué a él para ayudarlo. Sin intención alguna, nuestros brazos peludos se rozaron y sentí que saltaron chispas. Me excité al instante, pero ni en pedo me daba como para encararlo, porque no tenía idea sobre cuál era la onda del flaco, más allá de la mirada obvia que le había pegado a mi chota cuando hice referencia a mi *bóxer*.

—¿Necesitas que te ayude con algo más? —pregunté amablemente.

—Dale, si no te jode… —respondió.

Corrimos un par de sillones y dijo:

—Qué calor hace, increíble esta época del año con una temperatura así…

Naturalmente, comenzó a sacarse la remera, que tenía una aureola de transpiración estampada en el pecho. Clavé mis ojos en su cintura, e inmediatamente comenzaron a asomar los pelos de su abdomen; la remera continuaba subiendo en cámara lenta, hasta que quedó al descubierto su firme abdomen y el esplendor de ese pecho repleto de pelos castaños claros…

¡Por Dios!, realmente no pude disimular y seguí con mi vista clavada en su lomo.

Gastón se dio cuenta; hizo una exclamación y dijo:

—Así está mejor; estoy todo chivado…

Me sentí un poco incómodo, porque mi mirada había sido un tanto alevosa y obvia.

Realmente, el flaco estaba muy bueno; portaba el tipo de lomo que me calentaba, macizo, peludo, bien de machote, tonificado, musculoso, pero no hipertrofiado y, fundamentalmente, cubierto de pelos...

Me invitó a que me sentara y fue hacia la cocina para buscar algo fresco para tomar.

—¿Te va una cerveza? —preguntó.

—Dale, si ya se enfrió, sí —respondí, pensando que, aunque no resultaba lo más adecuado para tomar después de haber corrido, no rechazaría ninguna propuesta.

—Sí, está bastante fría —dijo.

—Voy a tener que ducharme nuevamente, porque me chivé todo —agregué.

Mirándome de una manera muy particular, dijo:

—Sí, veo, tenés todo el lomo transpirado; te estoy rompiendo las pelotas, no sé cómo agradecerte y no quiero abusar más de vos —dijo.

—La verdad es que estoy al pedo, así que podés abusar todo lo que quieras —dije.

Salieron esas palabras de mi boca y mi cabeza no podía creer lo que terminaba de decir. Aunque Gastón lo podía interpretar como quisiera, ya que yo no había dicho nada explícito, sonó realmente raro... *"Abusá todo lo que quieras..."*

Gastón dejó su vaso sobre la mesa, se acercó y se sentó a mi lado, e inesperadamente, apoyó una mano sobre uno de mis muslos; me tensé y quedé inmóvil. Venía acostumbrado a estar con flacos con poca experiencia, por lo que, generalmente, era yo el que llevaba la iniciativa, pero este flaco, claramente, era igual o más lanzado que yo.

Elevó su brazo y con un dedo, comenzó a seguir una gota

de transpiración que recorría mi cara, desde la sien hasta el cuello, haciéndome quedar literalmente petrificado y sin poder creer su osadía.

—Mirá cómo estás —dijo.

Apoyando la palma de su otra mano sobre mi cara, agregó:

—Decime… ¿Realmente puedo abusar de vos?

Me dejó perplejo y sin capacidad de respuesta. Gastón tomó mi falta de reacción como señal de que estaba todo ok. Acercó su cara hacia la mía y apoyó suavemente sus labios sobre mis labios.

—Pará, pará —dije, con la intención de hacer el juego más interesante.

—Pará ¿qué?, si comenzaste el juego desde el momento en el que me abriste la puerta de tu departamento… ¿O me estoy equivocando? —dijo, con su boca a un centímetro de la mía.

Estaba claro que el flaco era de mi equipo, tenía mucha experiencia y me había cazado al vuelo.

Sin más, agarró con ambas manos mi cara y me clavó un beso de lengua que me dejó sin aliento. Me abrazó y comenzó a rozar mi cara y cuello con su barba sin afeitar. Lo empujé sobre el sillón y me tiré sobre él, comiéndole la boca a lo bestia; lamí su lengua como si fuese un chupetín, le escupí la boca y la cara, para después chupeteársela toda.

—Uy, veo que sos chanchito y morboso como yo; eso sí que me calienta —dijo Gastón.

Lamí su cara, sus sobacos, su pecho. Comencé a desabrocharle
60

la bragueta y a deslizar la bermuda.

Tenía puesto un slip negro en el que se le marcaba una temible poronga, gruesa y larga. Metí la mano por debajo de la cintura y tomé ese caño, que parecía ser parejo, desde la base hasta el glande. Lo dejé expuesto, me quedé mirándolo con mucho morbo y comencé a lamérselo.

Gastón me quitó el *short* y ambos quedamos en pelotas, cruzando nuestras piernas peludas y musculosas, que comenzamos a refregárnoslas desesperadamente. Escupió mi cara y me la limpió con la lengua; nos agarramos las porongas y comenzamos a pajearnos, mientras hacíamos comentarios sobre los respectivos tamaños.

—¿Querés que estrenemos el somier? —preguntó.

—Sería un honor —respondí.

Nos incorporamos, fuimos hacia el cuarto y nos tiramos sobre la cama, donde continuamos con los besos y con la franela. Comencé a chuparle la pija y comenzaron a asomar sus primeros gemidos.

Por momentos, bajaba con mi lengua por sus muslos y por sus pantorrillas musculosas. Gastón cambió la posición para poder prenderse a mi pija y nos hicimos un hermoso 69.6.

Percibí que comenzaba a bajar por mi perineo y que, abriéndose paso hacia mi ano, lo lamió y dilató espectacularmente con la lengua y con los dedos… Sentí que estaba listo como para ser penetrado y sí que deseaba serlo.

Se incorporó y fue al placar para agarrar preservativos y lubricante.

—Te voy a recontra cojer, vecinito —dijo.

Realmente, estaba predispuesto para que este tipo me empomara y hacía tiempo que no me encamaba con un flaco que tuviese experiencia; no obstante, no se la iba a hacer tan fácil, ni le saldría gratis.

¿Y quién te dijo que me la como…? —dije de manera provocadora.

Gastón quedó medio desconcertado por mi comentario, ya que, realmente, no tenía idea sobre si me gustaba o no.

Para no cortar el clima, comencé a besarlo y agregué:

—Me encanta la pija, *man*, pero nada me calienta más que empomarme a un lindo macho, así que, si querés garcharme, vas a tener que ceder…

Gastón me abrazó fuertemente y gruñó en mi oído:

—Mirá, solo una vez me garcharon, pero realmente estoy muy caliente, así que, si esa es la condición que pones como para que te pueda cojer, la acepto —dijo.

Uy, su respuesta hizo que mi tronco se pusiera como un misil. Que un tipo me dijese que solo una vez se lo habían empernado y que para cojerme estaba dispuesto a entregar su orto, me resulta un tremendo piropo.

—Ponete en cuatro —dije, tomando una actitud dominante.

Gastón lo hizo sin dudarlo y sin emitir comentario alguno. Comencé a lamer su orto y, mientras deslizaba mis dedos repletos de lubricante dentro de su ano, tomé su pija y la llevé hacia atrás, para comenzar a mamarle el glande.

Subí por su espalda, mordí su cuello, su nuca; comencé a puertearlo, apoyando mi glande en su ano y moviéndolo de un lado al otro, ejerciendo presión, para luego alejarme. Regresé con mi lengua hacia su culo y fui hacia sus bolas, que metí enteras dentro de mi boca, para luego regresar a su pija.

Me di cuenta de que Gastón comenzaba a desesperarse, por lo que calcé un forrito en mi pija, lo embadurné con lubricante y tomé su cintura con ambas manos, para dejar su cola bien parada.

Me incorporé y flexioné un poco las piernas para dejar mi pija justo en la entrada de su ano. Se la apoyé y Gastón agarró una almohada sobre la que apoyó su cabeza. Comencé a presionar y sentí su orificio estrecho. Ciertamente, parecía verdad lo que me había dicho sobre el poco uso que tenía. Ejercí más presión y, lentamente, con la ayuda de tanto lubricante, fue cediendo. El glande comenzó a entrar y frené para dejar la circunferencia mayor dilatándole el ano; Gastón agarró fuertemente mi brazo con una mano.

—Pará, pará… dame tiempo, es muy grande, deja que me relaje —dijo.

Vi que su cara, sudorosa y colorada, dibujaba un gesto de dolor. Me quedé quieto, esperando a que su ano se acostumbrara al diámetro de mi pija.

—Dale, seguí —dijo.

Continúe empujando y vi como mi glande desaparecía y tras él, el resto de mi caño se enterraba dentro de su ano, mientras que Gastón hundía su cara en la almohada y emitía un grito ahogado… Me quedé nuevamente inmóvil, con mi pija completamente enterrada dentro de él y, muy lentamente, comencé a imprimirle ritmo. Lo cojí por un buen rato, escuchando sus gemidos y sus gritos cortados, mezclados con frases que me ponían cada vez más al palo…

—Hijo de puta, viniste para ayudarme a subir un *Led* y termino sodomizado y con una pija enorme en mi orto; parece un fierro, me estás matando… Preparate, porque te voy a deshacer el ojete —dijo.

Continué bombeándole el ojete con mayor intensidad y sin piedad.

—Basta, basta, me estás matando, sacámela —dijo, casi suplicando.

Me quedé quieto por un momento, pero sin sacársela… Me estaba dando mucho morbo la situación y quería hacerlo rogar.

—Qué rico el tronco que te estás comiendo —dije morbosamente.

—Por favor, sacámela —insistió.

Su súplica me había dejado satisfecho y se la saqué, porque sabía que, de continuar bombeándole el orto, terminaría acabando y se me iría el morbo como para permitir que me empomara y, como nobleza obliga…

Gastón se había dejado garchar; ahora era mi turno de entregar.

—Me destrozaste el orto, *man*; tenés una pija muy grande y mi orto es muy estrecho. La verdad es que me dio placer,

64

pero me dolió un poco… Prepárate, porque ahora te toca a vos y no voy a tenerte piedad —dijo.

A pesar de que disfrutaba mucho de una linda pija, su comentario me dio un poco de cagaso, porque pensé que el flaco no tendría piedad y que, de un envión, me enterraría hasta el fondo el tremendo caño que portaba.

—Ponete en cuatro —dijo Gastón, con tono imperativo.

—Pará, no me va que me cojan de una y menos en esa posición; prefiero primero sentarme despacio sobre tu pija y después sí hacemos lo que quieras —respondí.

—_Man_, ponete en cuatro, que te voy a laburar bien el orto con la lengua y después te voy a sodomizar, como lo hiciste vos conmigo —insistió Gastón.

No muy convencido, cedí a su pedido e intenté relajarme.

Gastón comenzó a lamerme el orto, las bolas, la pija; lo hacía con mucha pericia y se notaba que experiencia tenía y mucha. Comenzó a deslizar un dedo dentro de mi ano y rápidamente encontró mi próstata; después metió dos y creo que entró un tercero; logró llevarme a un grado de calentura extrema, que ya no me permitía distinguir qué me estaba haciendo. Comencé a mover la cola, dándole la señal de que necesitaba algo más grande, y Gastón no se hizo desear.

Calzó un forro en su chota y comenzó a deslizarla entre mis nalgas sudorosas y llenas de lubricante; pasaba el troco entre mis glúteos y cada vez la acercaba más hacia mi ano, hasta que, finalmente, apoyó el glande y dejó caer todo el peso de su cuerpo, haciendo que su miembro, que imagino, debería tener unos veintitrés centímetros, se enterrara de un envión dentro de mí. Tuve la sensación de que jamás terminaría de entrar; nunca antes me había comido una pija tan larga.

Gastón se dejó caer sobre mi espalda, obligándome a quedar acostado boca abajo y sin posibilidades de moverme. Tomó mis brazos y, con todo el peso de su cuerpo sobre mí, hizo que me sintiese realmente sometido. Comenzó a moverse con un ritmo parejo, no a lo bestia.

—¿Te gusta así, papito? —preguntó.

Sin hablar, hice un gesto afirmativo con mi cabeza. Gastón bajaba su pelvis para sacar su pija casi completamente, dejando solo el glande dentro de mi ano y volvía a embestir, hasta enterrarme nuevamente el tronco entero.

—Qué lindo… qué lindo vecinito que me estoy tirando… cómo te gusta la pija, varón —decía Gastón en mi oído.

Comenzó a acelerar el ritmo y le pedí que me dejase girar; quería enroscar su cintura con mis piernas, para poder observar su lomo peludo y que me continuase garchando mientras que nos mirábamos a los ojos.

Gastón quedó de rodillas, me di vuelta y enrosqué mis piernas en su cintura; rápidamente, comenzó a penetrarme de frente, mientras que me miraba morbosamente.

—Dame pija, dame pija —repetí, incentivándolo para que arremetiera más fuerte.

Sentí que, en cada embestida, su miembro entraba más profundamente.

—Me vengo —dijo Gastón, cerrando sus ojos.

Aceleró el ritmo de una manera descontrolada, haciendo que sus cuádriceps pegaran contra mis glúteos y dejándome sin posibilidad de hacer nada más que comenzar a pajearme y entregarme a sus deseos.

Fue tan intenso el masaje en la próstata que me estaba haciendo que, rápidamente, comencé a largar chorros de leche. Simultáneamente, Gastón pegó un grito ahogado, mientras depositaba su carga de semen dentro de mí.

Lentamente, fue desacelerando el ritmo. Sacó su pija de mi orto, se sacó el forrito, se acostó sobre mi pecho y comenzó a comerme la boca.

—Lindo, lindo, lindo, realmente muy linda manera de estrenar el somier y de establecer relaciones con mi vecino —dijo.

Lo abracé y lo enrosqué nuevamente con mis piernas. Nos quedamos por un rato así. Finalmente me vestí, nos pasamos los números de celulares y, obviamente, quedamos en repetir cada vez que pudiésemos hacerlo.

Nos despedimos y entré en mi departamento; tomé nuevamente una ducha y me tiré en la cama, donde permanecí el resto de la tarde durmiendo, para recuperarme del tremendo encuentro con mi nuevo vecino.

Capítulo V
Andrés

Hermosa y templada mañana de un típico día de verano en los suburbios de Buenos Aires. Regreso de llevar a mi mujer a la estación del tren y me cruzo con Andrés, que está en el *hall* del edificio con sus dos hijas esperando el micro que las lleva a la colonia… Solo nos saludamos con un *"Hola"*. Subo y, desde mi departamento, escucho su voz gruesa y firme… Me cuesta entender si lo que sucedió el domingo pasado fue real o si se trató solo de un sueño...

El edificio en el que vivimos tiene dos semipisos hacia la calle y dos hacia el fondo; Andrés vive en el cuerpo del contrafrente y yo en el del frente, dando a la calle, por lo que jamás compartimos ascensor y ocasionalmente, nos cruzamos en el *hall*; algunas veces estando solos y otras, con nuestras familias...

Desde el primer día que lo crucé, le eché el ojo, porque es la onda de flacos que me excitan mal... Lejos del prototipo de belleza clásica... Tipo delgado, pero armado, muy poco pelo en la cabeza, alto, siempre con lentes de sol y con la barba semicrecida, esa bien pegada al rostro, dura, lijosa y oscura, que parece como pintada y que, vaya a saber por qué, me pone duro al toque…

El domingo pasado, cerca del mediodía, luego de correr por el río, regresé al edificio. Mientras que esperaba el ascensor en PB, observé que del otro ascensor bajaba Andrés con sus dos hijas, diciéndoles que irían caminando hasta la casa de la abuela, que quedaba a dos cuadras... La voz de este pibe es una de las más sensuales que jamás haya escuchado, gruesa, firme y clara...

Vestía una camisa blanca de manga corta y llevaba los botones superiores desabrochados, que dejaban al descubierto su pecho y sus brazos repletos de vellos castaños; una bermuda tipo cargo color beige, sus infaltables lentes de sol, su inmaculada barba *"pintada"* y sandalias... Andrés se acercaba desde el fondo hacia donde yo estaba parado y no pude evitar el clavar mi mirada en sus patas…

Inmediatamente, mis hormonas se alborotaron al ver los pelos lacios y bien tupidos que cubrían sus piernas y las hermosas pantorrillas armadas y musculosas... Levanté la vista para saludarlo y me fui con los ojos nuevamente hacia sus piernas...

—Me tengo que comprar unas así... —comenté, refiriéndome a sus sandalias.

Andrés estaba totalmente en otra y, sorprendido por mi comentario, me miró, bajó la vista hacia sus pies y dijo:

—Sí, la verdad que están buenas, es como estar en patas…

Su comentario me calentó aún más, porque me sonó a frase bien de macho... *"Estar en patas..."*

Llegó el ascensor, ingresé y, al darme vuelta hacia la puerta, me di cuenta de que su hija mayor estaba mirándome fijamente a los ojos, situación que me hizo sentir realmente incómodo, al pensar que la pendeja quizá se había dado cuenta de mis alevosas miradas hacia su padre...

Subí al departamento y me metí en la ducha. Mientras que me enjabonaba, franeleé un rato mi pija pensando en este papi tan aplicado, pero decidí no pajearme, ya que, siendo fin de semana, seguramente existiría demanda de sexo por parte de

70

mi mujer.

Aún bajo el agua, escuché a mi mujer diciéndome que salía con mi hijo para hacer unas compras. Cerré los grifos, me sequé y me puse un *short* cómodo y una remera bien gastada; me quedé un rato tirado escuchando música y decidí aprovechar el tiempo para llevar a la cochera algunas cosas que hacía tiempo estaban dando vueltas por el departamento...

Bajé y en el ida y vuelta entre el auto y el ascensor, vi que *"papi"* regresaba solito y que entraba al *hall* del edificio...

Nos miramos y cruzamos algún comentario superficial, las típicas cosas sin importancia que se comentan entre vecinos.

—Che, discúlpame, Andrés es mi nombre —dijo.

—Gonzalo —respondí.

—El otro día, vi desde la calle que estaban colocando un *split* en tu dormitorio... Quiero poner uno, pero no se me ocurre por dónde pasar los caños sin perforar la viga... —comentó Andrés.

De manera resumida, le expliqué cómo lo había resuelto.

¿Te jode venir un toque a mi departamento para mostrarme bien por dónde pasaste los caños? —preguntó.

"Je je... ¿Si me jode? Voy a tu departamento, te explico por dónde pasar el "caño", te chupo todo, te garcho, me garchás, te baño y después me invitas a pasar la noche con vos, Papito..."

Obviamente que no lo dije, aunque fue lo que pensé por un segundo, antes de responder:

—Para nada, dame un minuto que dejo esto en la cochera y enseguida regreso —respondí.

—¿Necesitas que te ayude? —preguntó Andrés.

—No, es solo esto, gracias; lo llevo hasta la cochera y enseguida regreso —respondí.

Hice un viaje veloz para dejar lo que estaba cargando y regresé rápidamente al *hall*, donde estaba Andrés, esperando dentro del ascensor con la puerta bloqueada.

—¿Fuiste a correr? —preguntó.

—Sí, siempre voy a correr por el río y está bueno, porque te cruzás con un montón de tipos que van a entrenar y eso, realmente te motiva —respondí.

—Sí, es cierto; nosotros llevamos a las nenas a andar en bici y es verdad que cuando veo a los tipos entrenando, pienso que debo retomar la actividad —comentó.

El ascensor continuaba subiendo al mismo ritmo que lo hacían mi morbo, mi pija y mi temperatura.

Entramos al departamento y Andrés me ofreció algo para tomar; acepté, porque luego de correr no me había hidratado bien y necesitaba hacerlo.

Mientras que Andrés estaba en la cocina, miré los portarretratos. En algunas fotos, pude verlo en *short* en la playa; tal cual me lo imaginaba... *"Armado y repleto de pelos"*.

—Eso es del verano pasado en Brasil —dijo Andrés, regresando al *living*.

—Lindo, lindo lugar… Se ve que tenés el lomo laburado —dije.

—Ahora no tanto, pero en esa época iba al *gym* todos los días —respondió Andrés y, cambiando completamente de tema, continuó:

—Hoy a mi mujer le toca laburar todo el día y aproveché para despachar a las nenas un rato a la casa de sus abuelos, porque, la verdad, es que necesito un poco de tiempo para mí... Vos tenés un nene solo, ¿no? —preguntó.

—Sí, así es y hoy también quedé solo —respondí.

—Uf, uno está feliz con la familia, los hijos son lo más, pero, a veces, son muy absorbentes y tengo la necesidad de contar con tiempo propio —dijo y sorprendentemente agregó:

—Realmente, no me quejo, e incluso, sexualmente lo paso muy bien con Luz, al punto de que, en ocasiones, me deja agotado; de todas maneras, permanentemente pienso en que me gustaría tener la libertad de seguir volteándome minas o de continuar experimentando...

Me resultó extraño el comentario sobre su vida sexual, ya que apenas nos conocíamos de hola y chau. Fundamentalmente, había captado la frase *"continuar experimentando..."*. Pensé muy fuerte qué carajo responder al inesperado comentario.

—Y… la verdad es que sí; imagino que a todos nos pasa más o menos lo mismo, aunque yo me he permitido unos cuantos deslices y, para salir de la rutina, me animé a experimentar un poco —respondí, sembrando un clima de misterio.

Si tengo una habilidad nata que siempre me ha caracterizado, es la de hacer comentarios ambiguos como para dejar picando la pelota.

—Andrés me miró y, dibujando una sonrisa cómplice, dijo:

—¡Mirá vos! Tendría que seguirte los pasos...

Yo pensaba: *"Seguime los pasos, desvestime, chupame... Te gasto y no paro hasta dejarte pálido..."*

Siendo muy lanzado, aunque protegido por el doble sentido de los comentarios que estábamos haciendo, dije:

—Vamos al cuarto que te muestro.

—Bueno, no te lo tomes tan a pecho... no sé si me animo a experimentar tanto... —contestó Andrés, cagándose de risa...

Me sorprendió su comentario pícaro y cargado de doble sentido; realmente, no lo esperaba, aunque me gustaba sobremanera este diálogo repleto de frases ambiguas que comenzábamos a compartir.

Fuimos hacia el cuarto y comencé a explicarle cómo había instalado el equipo en mi dormitorio... Le pedí que fuese a buscar un destornillador para sacar la tapa de acceso al taparollos...

—Dame —dije.

—No, dejá que lo saco yo —respondió Andrés.

El espacio entre la cama y la pared era bastante estrecho y Andrés estaba parado ahí, con sus brazos elevados, lo que hacía que la camisa subiera por encima de su cintura, dejando al descubierto su ombligo y su abdomen peludo y haciendo que su pantalón quedase apretado, marcando su bulto…

Gotas de sudor comenzaron a recorrer mi frente; mi cuerpo aún continuaba acelerado por la hora de _footing_ y el espectáculo que tenía a cincuenta centímetros, en nada estaba ayudando para que me desacelerase.

—Estos putos tornillos están re duros —comentó Andrés.

Mientras hacía ese comentario, uno de ellos se le cayó al piso.

—La puta madre… —exclamó.

—Bancá que yo lo agarro —dije.

El tornillo se había metido debajo de la cama, por lo que me puse de rodillas en el piso y comencé a buscarlo... La posición dejó mi orto parado y apuntando hacia él.

—Qué posición riesgosa —dijo, sorprendiéndome.

Me resultó realmente llamativo tanto jueguito de frases con doble sentido y yo, que ante esas situaciones jamás arrugo, respondí:

—Y... hay que experimentar con todo; uno nunca sabe por dónde se puede encontrar más placer...

Encontré el tornillo, giré y quedé de rodillas en el piso, con mis manos pegadas al lado de sus pies descalzos. Haciéndome bien el boludo, me incorporé, rozando alevosa e intencionalmente sus piernas y su bulto.

Terminó de sacar la tapa del taparollos y le expliqué por dónde habían pasado los caños en mi departamento. Volvió a poner los tornillos y me di cuenta de que, ex profeso, dejó caer otro al piso. Lo miré a los ojos como diciéndole *"Me estás jodiendo…"*. Andrés dibujó en sus labios una sonrisa pícara, pero no dijo nada... Nuevamente me agaché para agarrar el tornillo y al subir, volví a franelearlo.

Esta vez, noté que su bulto había crecido, por lo que era evidente que el jueguito y los comentarios lo habían calentado...

No lo pensé mucho e, impulsivamente, lo tomé de la cintura, lo hice girar y bruscamente lo empujé para dejarlo sentado en el borde de la cama... Andrés no dijo nada, pero me miró con una expresión que transmitía una mezcla de *"¿qué estás haciendo?"* con *"seguí que no te voy a parar"*.

Intenté quitarle la camisa.

—Uy, pará, *man*... No sé qué interpretaste, pero pará... —dijo.

—Dejate de joder, boludo… ¿No es que querías tiempo para vos y para experimentar? Bueno, esta es la oportunidad... Jugar con el doble sentido a veces tiene sus riesgos —dije.

Bajé y comencé a chupar los dedos de sus pies, subí por sus patas peludas y le bajé el cierre de la bermuda para meter una mano y llegar a su caño... Andrés quedó con los dos brazos apoyados en la cama, sentado, con la camisa puesta pero desabrochada, mirándome fijamente y dejándome hacer...

—No te la puedo creer —dijo.

Saqué su pija del pantalón. Estaba a medio parar, realmente grande, pareja, gruesa y larga... Larga como él, linda como él...

Comencé a mamársela, mientras que Andrés decía:

—Uy, boludo, esto es una locura, pero qué rico que se siente.

Sentí que su miembro crecía dentro de mi boca, lo que me calentó aún más... Me la saqué y comencé a lamerle el abdomen; continué subiendo con la intención de llegar hasta su boca para clavarle un beso, pero no me dejó. Con ambas manos me empujó nuevamente hacia su pija, prácticamente, obligándome a que se la mamara nuevamente.

—Qué rico, boludo, la mamás mejor que mi mujer... Seguí, seguí... —dijo.

Esas palabras me incentivaron para continuar con mi trabajo. Comencé a morderle el frenillo, el glande; metí sus pelotas en mi boca... Regresé a su pija y percibí el sabor del líquido preseminal. Andrés comenzó a elevar su pelvis para literalmente cojerme la boca... Tomó mi cabeza con ambas manos para inmovilizarme y, junto con un *"¡Ay... me vengo!"*, descargó un chorro de semen dentro de mi boca, que saboreé, para después tragármelo... Se la continué mamando, mientras que sentía sus espasmos y un nuevo chorro de leche llenó mi boca...

Andrés se dejó caer, quedando acostado boca arriba sobre la cama; se la continué mamando, hasta agotar la última gota de leche que le quedaba en las bolas, mientras escuchaba su respiración, que cada vez se hacía más lenta.

La situación me había encendido y me había incentivado

para ir por más. Intenté bajarle la bermuda para dejarlo totalmente desnudo, pero no me dejó...

—Pará, pará... realmente te agradezco la mamada que me pegaste; hasta este momento, jamás había hecho nada con un tipo, siquiera paja compartida y de una, me hiciste disfrutar como loco... La mamás magistralmente bien, pero hasta acá llego...

Obviamente, respeté su decisión, sabiendo que debía darle tiempo como para asimilar lo acontecido y estando seguro de que, de allí en más, al menos podría volver a mamársela, e intentaría llevarlo un paso más allá...

Con la intención de dejarlo aún más loquito, le comenté que en el edificio había otro casado con el que ya había garchado, que estaba muy bueno y no cedí ante su insistencia para que le contase de quién se trataba...

Andrés me comentó que, aunque tenía sus sospechas, después de lo que acababa de suceder, evidentemente, confirmaba que eran más los machos que garchaban con otros machos de lo que él pudiese haber imaginado, porque nunca hubiese sospechado que yo pudiese mamar una verga...

Le dije que era así, que éramos muchísimos... y agregué que se tomara el tiempo como para asimilar lo ocurrido y que contara conmigo para continuar experimentando...

—Me parece que vos sos un pirata mal... ¿Te encamaste con muchos tipos? ¿Hasta dónde llegaste? ¿Cuánto hace que estás en esto? —preguntó, sumamente excitado.

Claramente, lo sucedido lo había movilizado y estaba intrigado y deseoso por conocer más acerca de esta parte tapada con la que muchos hombres casados convivimos.

No quise abrumarlo y solo le dije que yo era un tipo versátil, que me gustaba mamarla, que me la mamasen, cojer y ser cojido, pero hasta allí llegué, porque no quise asustarlo contándole sobre mis experiencias de dobles penetraciones y de tríos. Solo agregué que, desde el primer momento en el que lo vi, me había atraído y que había comenzado a fantasear con la idea de poder hacer algo con él...

—Mirá vos... Jamás me di cuenta de nada y mucho menos lo hubiese sospechado —contestó.

Nos incorporamos, me acompañó a la puerta y sarcásticamente dije:

—Espero haberte sido útil con el caño...

Andrés sonrió y bajó la mirada con una pizca de vergüenza dibujada en su rostro.

—No te imaginás cuánto… —dijo.

Me fui, pensando en que, finalmente, Andrés se había sumado a mi lista de amigos casados con los que podría contar y en el morbo que me producía el haberlo desvirgado, aunque hubiese sido solo oralmente y en todo lo que le haría, si es que cedía a la tentación de dejar fluir sus más ocultos deseos.

Capítulo VI
La tentación de Andrés

Luego del domingo, solo tuvimos un cruce fugaz en el hall del edificio, que aprovechamos para intercambiar números de teléfono y luego no nos cruzamos más. Realmente, el saber que en mi edificio tenía dos vecinos casados con los que podría culear cuando pintara, mantenía mi cabeza muy alborotada...

Con mi vecino de al lado, me cruzaba frecuentemente; en muchas ocasiones, salía de mi departamento y él estaba esperando el ascensor o viceversa, pero no habíamos tenido la oportunidad de repetir y, en verdad, tampoco lo habíamos buscado.

El miércoles por la mañana, luego del mágico domingo, estaba sentado frente a mi computadora y escuché que en la vereda estaba Andrés con sus dos hijas esperando la combi que las pasaba a buscar todas las mañanas para llevarlas a la colonia. No le di mucha bola, pero escuchar su voz hablándole a las nenas realmente me desconcentraba. Me levanté y salí al balcón para pispear...

Andrés vestía una camisa rosa bien clarita, *jeans* azules, los infaltables lentes de sol, barbita al ras, como siempre, súper prolijo y llevaba una mochila colgada al hombro...

Me apoyé en la baranda del balcón y me quedé mirando. En un momento, levantó la vista y me vio; elevó su mano, haciendo un gesto de saludo y subió a las nenas a la combi que justo había llegado. Observé la escena, cómo se saludaban con las manos; una imagen muy tierna, y me llevó a pensar en cómo esas mismas manos habían sostenido mi cabeza el domingo pasado, mientras se la estaba mamando.

La combi arrancó, Andrés giró para comenzar a caminar y levantó nuevamente la vista... Se detuvo al verme aún en el balcón y aproveché para regalarle una sonrisa muy morbosa. Le hice señas indicándole que subiera y, señalando a su reloj, me dijo que no, que se tenía que ir al trabajo. Le hice un gesto como diciéndole que me llamara por teléfono.

Comenzó a caminar y lo perdí de vista, por lo que supuse que mi intento no había tenido éxito y regresé a la computadora. Pasaron unos segundos y sonó el celular.

—¿Qué hacés, boludo…? Me sentí un tanto incómodo con esta situación de estar con mis hijas y vos mirando desde arriba... —dijo.

—No seas pelotudo, lo que pasó el domingo queda entre nosotros, no te persigas... Después de todo, solo salí a mirar el lindo paisaje —dije sarcásticamente.

—Uy, *man*, ni me hables del domingo… Quedé tan al palo con la tirada de goma que me pegaste, que cuando regresó mi mujer, le pegué tremenda culeada —y agregó— ¿Tu familia?

—Mi jermu en el laburo y mi hijo se quedó a dormir en casa de un amigo, así que estoy solito… ¿Por qué no te venís? —respondí.

—No puedo, boludo, me tengo que ir al laburo.

—Dale forro, invéntate alguna excusa y venite un rato, que te la mamo como el domingo y te vas bien relajado.

—No seas hijo de puta, que estoy en la calle y ya se me puso la chota dura... —dijo.

—Ok, vos te la perdés, abrazo —dije y colgamos.

Regresé a lo mío y entré un rato a un sitio porno, con la intención de clavarme una paja liberadora. Comencé a ver algún videíto de machos peludos enlechados y de dobles penetraciones, cuando me sobresaltó el timbre del portero. Minimicé pantallas, porque no sabía quién podría ser; atendí y era la voz de locutor de Andrés.

—Subo —dijo fríamente.

Se me derritió el orto al escuchar su voz y mi pija ya la tenía parada por los videos que estaba viendo.

—Dale... —contesté.

Maximicé la pantalla con la intención de que cuando entrara tuviese las imágenes explícitas, que seguramente jamás había visto. Dejé la puerta entreabierta y pude escuchar que Andrés abría la puerta que conducía hacia la escalera... Entró al departamento y nos saludamos con un beso en la mejilla. Me comentó que, como el encargado estaba abajo, había subido por el ascensor correspondiente a su departamento y que había cruzado hacia el cuerpo del frente por las escaleras.

Lo invité a que se sentara, mientras que fui a buscar agua fresca. Regresé al *living* y vi que Andrés estaba parado frente al monitor, con las manos apoyadas sobre el escritorio; su mirada clavada en la pantalla, perplejo y con la boca entreabierta por lo que estaba viendo.

—Pero, boludo, yo no lo puedo creer; ¡mirá cómo están garchando estas bestias!, no entiendo... ¡Estos tipos son unos machazos! Los veo en la calle y ni en pedo pensaría que se la comen… Mirá los lomazos peludos que tienen... cero afeminados...

¡Son machazos de verdad! —exclamó.

Andrés había caído en un relato en cascada; el video que estaba viendo había superado cualquier cosa que se hubiese podido imaginar en relación con el sexo entre hombres y lo estaba manifestando.

—Viste, pibe… Es lo que te comentaba el otro día, somos muchos… Socialmente, hay un estereotipo creado de que el hombre que disfruta teniendo sexo con otro hombre indefectiblemente es amanerado y acá tenés la muestra de que no es así.

Le comenté que, de vez en cuando, garchaba con un casado que jugaba al rugby y que, en el deporte, como en cualquier otro lado, seguramente estaba repleto de bisexuales tapados... Sin ir más lejos, el caso de algún futbolista famoso sobre el que se tejían historias acerca de su bisexualidad…

—Uy, *man*, esto es muy fuerte para mí —contestó Andrés, que continuaba con la mirada clavada en el monitor...

Clavé mis ojos en su bulto y me di cuenta de que su pene estaba a punto de hacerle explotar el *jean*.

Me paré detrás de él y me incliné hacia adelante como para mirar la pantalla, apoyando mi paquete sobre sus glúteos.

—Pará, boludo... —dijo Andrés sin moverse.

Permanecí con mi bulto apoyado en su orto redondito y deslicé una mano para alcanzar su miembro.

—Uy, nene, mirá cómo estás... Te va a explotar el pantalón —dije.

Andrés se dio vuelta para contestarme y quedó apoyado en el escritorio, con su cara frente a la mía. Sin darle tiempo para pensar ni para reaccionar, la agarré con ambas manos y le estampé un beso de lengua que no pudo evitar... Intentó correr la cara, pero mi lengua ya estaba recorriendo su boca.

—Relájate, déjate llevar por el placer y no te cohíbas —dije.

No ofreció más resistencia; alejó unos centímetros su cara y luego, comenzó a besarme magistralmente bien. No fueron besos violentos, sino que fue explorando lentamente y focalizándose en lo que estaba sintiendo... Me comió la boca muy sensualmente, mordió mis labios; comenzó a apretar su cara contra la mía; comencé a sentir su barba raspando mi cara. ¡Cómo me excitó esa sensación!

Agarré sus glúteos con ambas manos y comencé a franeleárselos mientras que nuestros bultos apretados se rozaban, uno contra otro.

—No puedo creer cómo estoy dejando que un macho me franelee el orto... Me estás pervirtiendo —dijo Andrés.

Comencé a desabrochar los botones de su camisa y bajé por su pecho, recorriéndolo con mi lengua; mordí sus tetillas y Andrés comenzó a gemir; evidentemente, ese era su punto rojo, o al menos, uno de ellos. Le saqué la camisa y me pidió que no se la arrugase, por lo que la dejé prolijamente estirada sobre un sillón.

Nunca antes lo había visto completamente en cuero, salvo en las fotos de su departamento, y el espectáculo que tenía frente a mí era realmente excitante.

Me acerqué nuevamente y comencé a comerle la boca. Me saqué la remera para dejar mi pecho velludo descubierto, que apoyé sobre el suyo. Seguimos besándonos y con una mano fui empujando su cabeza hacia abajo... Por un momento se resistió, pero, lentamente, fue cediendo y con su lengua comenzó a recorrer mis tetillas. Tomé sus manos y comencé a hacerlas recorrer mi pecho. Sentí que Andrés, lentamente, comenzaba a entregarse y lo solté, para dejar que continuara explorando solo.

Me produjo una tremenda excitación ver sus brazos peludos mezclándose con los vellos de mi pecho. Tomé su mano derecha y la guié hacia abajo, hasta dejarla apoyada sobre mi bulto. Andrés comenzó a moverla de arriba hacia abajo, masajeando mi caño, que ya estaba completamente erecto.

Apoyé mis manos sobre sus hombros y comencé a ejercer fuerza hacia abajo, con la intención de hacerlo arrodillar. Andrés no ofreció resistencia y quedó arrodillado en el piso, con su cara a la altura de mi pene, que permanecía atrapado dentro de mi pantalón.

Me miró desde abajo y dijo:

—Disculpame, pero no puedo hacer esto.

Sin decir nada, tomé su nuca y traje su cabeza hacia mí, obligándolo a que la apoyara sobre mi bulto. Andrés abrió su boca y, a través del pantalón, comenzó a morderme el caño. Me saqué el *short* y el *bóxer*, quedando completamente en bolas y con mi miembro erecto frente a su cara. Andrés se quedó inmóvil, mirando mi pene, sin animarse a hacer nada.

Acerqué mi miembro hacia él y comencé a refregárselo por la cara, hasta que, finalmente, se animó, lo tomó con una mano y lo introdujo en su boca.

—Eso, papito, sí, sí, muy bien, mámamela bien —dije.

Sin sacársela de la boca, me miró, bajó la vista y se concentró en hacer lo que jamás había hecho. Muy lentamente, comenzó a mamarla, explorando, experimentando la sensación de tener por primera vez una pija dentro de su boca... Dando rienda suelta a su morbo, aumentó el ritmo y se mantuvo así por un buen rato, mientras que yo le decía lo rico que se sentía y cómo me calentaba tenerlo arrodillado frente a mí, sobándome la pija.

Lo invité a levantarse y nos besamos nuevamente. Comencé a bajar; le quité el pantalón y el *bóxer*. Era la primera vez que lo tenía a Andrés completamente en pelotas delante de mí. Me arrodillé y le devolví el favor, haciéndole una deliciosa felatio; Andrés cerró sus ojos y agarró mi cabeza con ambas manos para manejar el ritmo.

Como música de fondo, escuchábamos los quejidos, gemidos y gritos del video que seguía corriendo en la computadora, en el que había tres flacos peludos practicando una doble penetración.

Andrés miró el monitor y dijo:

—¡No! ¡Me jodés...! ¡A este tipo no le pueden estar metiendo dos pijas juntas por el orto!

Pensé en contarle que yo lo había experimentado, pero decidí que ese no era el momento adecuado para hacerlo.

Subí, lo besé; lo tomé de la cintura con ambas manos y lo elevé, para dejarlo sentado sobre el escritorio. Ahí, entre abrazos, comenzó una seguidilla de besos, escupidas, mamadas mutuas, ida y vuelta, subiendo y bajando.

—Uy, querido, me calentaste mal; tengo la libido por las nubes, estoy a punto de explotar —dijo Andrés, sin dejar de besarme.

Esta nueva experiencia, los sonidos del video, el morbo de estar en el edificio donde ambos vivíamos con nuestras familias, hizo que se fuese soltando y que quedase dispuesto a ir por más.

Lo tomé de la mano.

—Vamos —dije, invitándolo a ir hacia mi cuarto.

Andrés me siguió obedientemente. Agarré un toallón para desplegar sobre la cama que estaba aún sin hacer, lo empujé, dejándolo acostado boca arriba, y me tiré sobre él. Enrosqué mis piernas con las suyas y franeleé su orto, como seguramente nunca antes lo habían hecho, al menos, como nunca un hombre se lo había hecho.

Este pibe sí que me calentaba… Luego de las películas que me había hecho cada vez que me lo cruzaba en el _hall_ del edificio; ahora lo tenía tendido en mi propia cama, desnudo y entregado.

Estábamos los dos al repalo, con las pijas durísimas, chivados a lo macho… Bajé hacia su pija y se la mamé un rato; continué trabajando con sus bolas, comencé a lengüetearle de arriba a abajo el perineo y la entrepierna...

—Sí, boludo… sos un maestro… jamás me chuparon así… ni la más puta de todas me hizo un oral de esta manera

—decía Andrés.

Sus palabras me incentivaron y le levanté las patas para poder llegar más cómodamente a su ano, que claramente jamás había sido penetrado y realmente dudaba sobre si alguna vez le hubiesen metido al menos un dedo o si siquiera se lo habían chupado. Lo escupí para lubricarlo un poco y comencé a recorrer el perímetro con la punta de mi lengua.

—¡Uy, boludo! —exclamó Andrés y dijo— no sé qué me estás haciendo, pero me vuelvo loco.

Volví a su perineo y lentamente intenté meterle un dedo en el orto, pero me frenó.

—Pará, me estás volviendo loco, pero pará, no sé si quiero experimentar esto, no sé si quiero ser puto —dijo.

Lo que menos quería era espantarlo, por lo que le hice caso y me detuve. Le chupé un rato más la pija y, sin preguntar, agarré un preservativo y lo acomodé en su pene. Andrés me miró y no dijo nada.

—¿Puedo montarme sobre tu pija?, ¿o eso también te conflictúa? Imagino que alguna vez le habrás hecho el orto a alguna minita o a tu jermu, no sé… —dije.

—Realmente, no puedo creer todo esto —dijo.

Para mí, eso fue un *"Dale, adelante..."* El que no me hubiese dicho *"No, pará"* lo tomé rotundamente por un sí, por lo que me puse en cuclillas de frente a él y embadurné mi orto y su caño con lubricante. Comencé a descender, hasta que su glande quedó apoyado en mi ano. Sin dejar de mirarlo a los ojos, continué bajando, hasta sentir que su pene comenzaba a abrirse paso dentro de mí.

—Uy, boludo, sí que tenés una glande grande y cuesta meterlo —dije.

Entrado el glande, el resto del tronco se deslizó completamente dentro de mí, hasta que lo sentí por el ombligo. Comencé a moverme en círculos y luego hacia arriba y hacia abajo, bien lento, sacándomela casi completamente y deslizándola nuevamente hacia el fondo. Apretaba mi ano fuertemente, para que Andrés sintiera cómo su pija era atrapada firmemente. Andrés tomó con sus manos mis muslos y cerró sus ojos, entregándose al goce absoluto.

Noté que, lentamente, comenzó a elevar su pelvis y a realizar un movimiento parejo para entrarme a su antojo. Permanecí quieto y dejé que manejara la situación. Me estaba cojiendo muy lindo y me quedaba claro que, más allá de que no hubiese tenido experiencias previas con otros hombres, Andrés sabía cómo manejarse en la cama y que, seguramente, se debería haber garchado a muchísimas minas.

Giré mi cabeza para ver a través del espejo que estaba a los pies de la cama, cómo el pene de Andrés entraba y salía de mi ano. Comencé a relinchar bien a lo macho, emitiendo gemidos de hombre, indicándole el placer que me estaba haciendo sentir. Pretendía plantarle de curiosidad sobre el goce que se podía sentir al tener una pija enterrada en el orto y, realmente, yo sí que estaba gozando.

El masajeo rítmico y parejo que ese caño le estaba dando a mi próstata, más la imagen de tenerlo boca arriba en mi cama, con su pecho poblado de vellos, me dejó sin control y súbitamente, un chorro de semen salió disparado de mi pija, dejando su cara y su pecho pintados de blanco. Unas gotas se posaron sobre sus labios. Andrés cerró sus ojos e hizo un gesto de asco; eso me detuvo de llevar el resto de semen depositado en su pecho hacia su boca, porque no quise estropear el hermoso momento.

Me acerqué y comencé a lamerlo todo, como si fuese dulce de leche, hasta no dejar una sola gota de semen sobre su cuerpo y con la punta de mi lengua, retiré las gotas blancas depositadas en sus labios.

—No podés estar haciendo eso, sos muy asqueroso —dijo Andrés.

Acercándome a su oído, dije:

—¿Nunca probaste tu semen?

—No, no… Muchas veces me vi tentado a hacerlo, pero jamás me animé —respondió.

—Tenés que hacerlo, pibe, pero vamos despacio —dije.

Regresé a mi posición y, a pesar de haber acabado, seguí subiendo y bajando. La verdad es que luego de acabar, nunca me gustó que me siguiesen empomando, pero quería darle el mayor placer posible, ya que tenía claro que, si no me lo garchaba en ese momento, al menos debía dejarlo muy caliente y con la curiosidad suficiente de verme a mí disfrutando a pleno, como para que se animase a intentarlo en algún momento.

—Ponete en cuatro que te quiero dar en posición de perrito —dijo Andrés, dejándome sorprendido por su iniciativa.

Pensé *"Estoy en el horno..."* porque no es la posición en la que más disfruto, pero lo iba a complacer en todo lo que quisiera hacer. Realmente, este tipo sí que me calentaba y, con tal de complacerlo y de continuar garchando con él, estaba dispuesto a ceder a lo que me pidiese.

Me puse en cuatro, con mi cabeza dando hacia el respaldo de la cama. Andrés se posicionó detrás de mí.

—Increíble cómo gozás, _man_ —dijo.

Apoyó nuevamente su glande en mi ano que latía descontroladamente y, de un solo empuje, me la metió hasta las pelotas. Apreté nuevamente mi ano bien fuerte para que sintiese su pija atrapada. Comenzó a moverse y yo a emitir exclamaciones, mientras hundía mi cabeza en la almohada. Noté el incremento de su ritmo; Andrés dejó una pierna en posición de cuclillas y la rodilla de la otra pierna apoyada como para tener más impulso, me tomó de los hombros y comenzó a bombearme de un modo realmente descontrolado, haciendo que mi cabeza golpease contra el respaldo de la cama.

Ante semejante embestida, aflojé mi ano e intenté relajarme lo más posible; estaba claro que el pibe se había soltado y realmente me estaba sodomizando a su antojo. Andrés se había descontrolado.

—Tomá pija… Te gusta, ¿no? Tomá todo mi misil… Cómo me gusta esto de cojer culos —decía Andrés, en estado de descontrol.

Puse una almohada contra el respaldo de la cama para cuidar mi cabeza, porque cada embestida hacía que me la golpease contra el respaldo.

—Me vengo, me vengo; sí, sí, ah, tomá —comenzó a gritar Andrés, mientras yo clavaba mi cabeza en la almohada para ahogar un grito de descarga.

Sacó su pija de mi orto y tuve una sensación de alivio. Andrés se acostó a mi lado, boca arriba, se quitó el forro y su pija, ya semi erecta, quedó apoyada sobre su abdomen.

Quedé tirado, sin ganas siquiera de tocársela. Andrés comenzaba a relajarse.

—Por Dios... uno de los mejores polvos de mi vida —dijo.

—Uf, sí nene, me mataste, *man*… Me alegro de que te hayas animado y que lo hayas pasado bien —dije.

—Realmente, ¿es tan intenso el placer que se siente con una pija en el orto? —preguntó Andrés.

—No sabés cuánto, nene... es un placer extremo —respondí.

No dijimos nada más. Nos quedamos un rato tendidos en la cama, uno al lado del otro, boca arriba.

—¿Puedo darme una ducha? —preguntó.

—Claro que sí, en el baño tenés toallón —respondí.

Andrés tomó una ducha rápida, se vistió y rajó para su laburo.

Yo quedé con el orto en llamas por el resto del día, pero extremadamente satisfecho por haberlo llevado un paso hacia adelante y estando seguro de que, en el próximo encuentro, terminaría comiéndome ese hermoso culo peludo, o al menos, estaba seguro de que intentaría hacerlo.

Capítulo VII
Andrés cumplió mi sueño

Pasé la tarde del miércoles relajado, aunque no podía dejar de pensar en Andrés, sobre lo sucedido el domingo y esa misma mañana, en la que finalmente lo había hecho debutar garchándose por primera vez a un hombre, e imaginando cómo sería el momento en el que finalmente pudiese entrarle y hacerle sentir cosas que jamás había sentido.

Ya había desvirgado su boca y su pija, pero la idea de cojérmelo me tenía loco y no sabía si algún día se iba a animar a entregar su culo. Además, quería ser yo el que lo hiciera; ahora que se había animado y con la facha que portaba, no quería que otro macho se llevase el premio, aunque no creía que Andrés por el momento se animase a hacer nada con otra persona.

Sorpresivamente, promediando la tarde, me envió un mensaje preguntándome si a la noche iría al río a correr; le contesté que seguramente lo haría y me escribió: *"Avisame que te acompaño"*. Me sorprendió y al mismo tiempo me pareció espectacular, porque la excusa de ir a correr juntos serviría como argumento perfecto frente a nuestras mujeres. Dos tipos que viven en el mismo edificio, pintó onda, salen a correr juntos, todo bien, nada que sospechar.

Quedamos en que, esa noche, por pura casualidad, nos encontraríamos en el *hall* del edificio, supuestamente para salir a correr cada uno por su lado; coincidiríamos, decidiríamos ir juntos y salir en un solo auto hacia el río... y así lo hicimos.

Tipo ocho, bajé al *hall*, donde me crucé con el encargado del edificio. Vi que del otro ascensor bajaba Andrés; nos cruzamos y el encargado dijo:

—¿Un poco de deporte?

—Y sí, hay que moverse un poco —contesté.

—¿Vas a jugar al fútbol? —preguntó Andrés, actuando magistralmente.

—No, me voy al río a correr —respondí.

—Uy, yo también —retrucó Andrés.

—¿Querés que vayamos juntos así se hace más llevadero? —respondí, siguiéndole el juego.

—Dale… vamos en mi auto, que es al pedo ir con los dos —dijo Andrés.

—Genial, dale —contesté.

"And the Oscar goes to…" Realmente nos había salido redonda la actuación frente al encargado. Comenzamos a caminar hacia la cochera cagándonos de risa.

—No puedo creer estar haciendo estas cosas... —dijo Andrés.

—Se hace lo que se puede —contesté sonriendo.

Subimos a su auto y salimos del edificio... Andrés tenía puesto un *short* blanco y, debajo, calzas negras con líneas azules que marcaban sus hermosos cuádriceps y una remera *Dry Fit* pegada al lomo. Me calentaba mal de solo mirarlo.

Hicimos una cuadra y dije:

96

—Qué lindas calzas, ¿a ver de qué tela son? —extendiendo mi mano para franelearle la pierna y el bulto.

—Pará, boludo, no empieces con esas cosas... No sabés la tarde que pasé —dijo Andrés.

—¿Qué te sucedió? —pregunté sarcásticamente.

Andrés, sacándome la mano de su bulto, dijo:

¿Me preguntás qué me sucedió? Pensando en lo de esta mañana, no pude concentrarme en toda la tarde, boludo; quedé con la cabeza rota y al mismo tiempo muy excitado; nunca había besado a un hombre, mucho menos me lo había cojido… Entre el domingo y hoy, me modificaste todos los esquemas. Además, me dejó perplejo el ver la forma con la que disfrutabas mientras que te empomaba, y todo lo que me hiciste con la lengua por ahí abajo. Realmente, te digo que no pude pensar en otra cosa; nunca antes había cojido un orto de esa manera, me quedó la chota dolorida y colorada...

—Yo lo pasé realmente bien, *man*, me calentás muchísimo y me encantó que me cojieras, aunque, te confieso, que no frecuentemente me empoman de la manera salvaje como vos lo hiciste hoy.

—Es que, realmente, estaba muy caliente —dijo Andrés.

—Me da un poco de vergüenza hacerte esta pregunta, pero decime, ¿cómo te higienizas?, porque noté que mi chota salió limpita, sin ninguna sorpresa desagradable —agregó.

Le comenté la manera de higienizarse, o al menos la manera en la que yo lo hacía, ya que me resultaba sumamente desagradable y me bajaba el morbo si se producía alguna situación escatológica.

Continuamos charlando, hasta que finalmente llegamos al río. Bajamos del auto, elongamos un rato y comenzamos a trotar. La noche estaba completamente despejada y, aunque la temperatura aún continuaba elevada, corría una brisa del este que resultaba reconfortante.

Había un montón de gente entrenando, muchos grupos corriendo con *personal trainers*. Nos cruzamos con varios flacos y como yo soy muy mirón, le dije a Andrés:

—Prestá atención en cómo hay flacos que no dan bola, e incluso mirá cómo les miran los ortos a las minas, y otros que, al cruzarnos, nos van a marcar a nosotros.

Seguimos unas cuadras trotando y Andrés dijo:

—Tenés razón, boludo, nunca me había dado cuenta; hay flacos que nos marcan descaradamente...

—Mirá, realmente, yo jamás me tiro a la pileta sin saber si está llena, pero hay un sexto sentido, un radar, no sé qué es, que te hace percibir cuando el otro está más o menos en la misma —comenté y agregué—. Sin ir más lejos, esta tarde fui con mi hijo al local de *Kevingston*, el que está a la vuelta del edificio; había solo un vendedor, el flaco de seguridad y en el mostrador, el encargado, un flaco rubio, súper blanco, con barbita, bíceps laburados y pelitos en el pecho... No pude dejar de mirarlo y percibí algo, no sé explicarlo... No me animé a decirle nada porque estaba con mi hijo y, en un momento, me di cuenta de que el de seguridad me estaba mirando mientras que yo marcaba descaradamente al rubio...

—Sí, creo que ya sé de quién me hablás, es el encargado

que tiene un piercing en la nariz —dijo Andrés.

—Sí, exactamente, te hablo de ese flaco —dije.

Continuamos corriendo y ya comenzábamos a empaparnos en sudor. Al regresar, tomamos el camino por detrás del anfiteatro, pegado al río, zona donde generalmente no hay nadie.

—Te metería por algún rincón para comerte a besos, _man_ —dije.

—Olvidate, ni en pedo hago algo acá —respondió Andrés.

Me reí y seguimos trotando sin hablar. Aunque los dos estábamos en buen estado físico, la humedad y la temperatura reinante hacían bastante pesada la actividad; afortunadamente, la fresca briza ayudaba a enfriar nuestros cuerpos.

Llegamos al auto, nuevamente elongamos un rato y antes de subir, Andrés se quitó la remera empapada, fue hacia el baúl y de un bolso que tenía allí guardado agarró dos remeras limpias; vino caminando hacia mí, en cuero, y me arrojó una.

Tremenda la imagen de su lomo brillando por la transpiración y con los pelos empapados, pegados sobre su piel.

—Tomá, cambiate esa remera toda chivada, que vas a ensuciar el tapizado del auto —dijo.

—Mirá, boludo, ponete rápido esa remera, porque me tiro encima tuyo delante de quien sea... Me calentás mucho; venir a correr acá y ver tanto macho lindo ya me calienta y encima, vos que te quedas en _short_ y en calzas, con el torso desnudo y todo chivado, te voy a terminar violando... —dije.

Andrés se cagó de risa, nos pusimos las remeras secas y subimos al auto. Ya eran cerca de las nueve, por lo que estaba quedando poca gente. Giró la cabeza hacia mi lado para salir marcha atrás e, instintivamente, casi como un reflejo primitivo, le arranqué un beso. Andrés se puso medio loquito y dijo:

—¡Pará!, ¿vos sos boludo?, estamos en la calle, ¿estás piantado? —exclamó Andrés.

—Bueno, no te enojes, pa... —respondí.

Regresamos al edificio en silencio, hasta que en un momento dijo:

—Mirá, realmente me caés muy bien, tenés experiencia, me calentás, estamos en la misma situación con respecto a nuestras familias; claramente, sos la persona indicada como para guiarme en este nuevo camino, aunque por lo que acabas de hacer, quizá seas un poco lanzado para mi gusto —dijo.

—Bueno, tranquilo, perdón… me tentaste; no se repetirá —dije.

Mi familia mañana viaja a la costa y yo voy a viajar solamente los fines de semana... Si podés, si tenés ganas y si te parece, mañana a la noche te venís a mi departamento y vemos qué sale... —dijo Andrés, como si nada hubiese sucedido.

—No sé si podré zafar, vemos —respondí, pensando en que jamás me hubiese esperado semejante propuesta de su parte y tan pronto.

Llegamos al edificio, nos despedimos en el hall y cada uno fue hacia su departamento. Me duché, cené y tuve que tomar algo que me ayudase a dormir, porque los ratones corrían sin parar dentro de mi marote.

Transcurrió todo el jueves y traté de no pensar mucho en la noche, porque sospeché que quizá Andrés se arrepentiría de la invitación que me había hecho, así que no quería desgastarme por la ansiedad al pedo. Alrededor de las siete, me envió mensaje diciendo que estaba regresando de Aeroparque y que en quince estaría en su departamento; que, si quería subir, me esperaba. Pensé en qué excusa podía inventar en casa y lo único que se me ocurrió fue decir que me iba a correr nuevamente; por lo que me cambié de ropa, agarré mis cosas y bajé al *hall* para llamarlo.

—¿Qué hacés, pibe? —dije.

—Bien, regresando al edificio, recién dejé a mi familia en Aeroparque; estoy a unas cuadras —respondió Andrés.

—Mirá, lo único que se me ocurrió fue decir que me iba a correr, así que hagamos una cosa… Salgo con mi auto y lo dejo estacionado en la esquina del supermercado, pasame a buscar por ahí —dije.

—Dale, nos vemos —respondió Andrés.

Salí del edificio en mi auto y lo dejé estacionado frente al supermercado. Por el espejo retrovisor, vi que llegaba Andrés haciéndome luces. Bajé de mi auto y me subí al suyo. Nos saludamos con un beso en la mejilla.

—Che, entrá al estacionamiento del súper un segundo que bajo a comprar algo —dije.

Ingresamos al estacionamiento y le pedí que me esperase en el auto. Entré al súper, agarré un frasco de lubricante y una caja de preservativos; realicé el autopago y en menos de diez minutos estaba nuevamente en el auto.

—¿Qué compraste? —preguntó Andrés.

—Algo que te va a llevar al cielo —respondí.

—Dale, no seas nabo, ¿qué compraste? —insistió Andrés.

—Forritos y gel lubricante pa... —respondí.

—Ah —dijo Andrés.

Nos dirigimos al edificio, ingresamos a la cochera y fuimos directo al ascensor de su departamento. Yo estaba un poco nervioso pensando en que nos fuésemos a cruzar con alguien que pudiese sospechar algo raro... Mi mujer ya se había puesto pijama, por lo que sabía que no me la cruzaría, pero el diablo siempre mete la cola y podía aparecer algún vecino o vecina indiscreta, de esos que nunca faltan.

Entramos a su depto., Andrés puso música suave, prendió unas pocas luces y me ofreció algo de tomar. Él vestía un *short* blanco con escudo de rugby, una remera azul y ojotas. Me invitó a sentarme en el sillón y, muy naturalmente, sin presiones y sin prisa, comenzamos a besarnos. Primero, apoyándonos los labios, recorriéndolos dulcemente con las lenguas, abrazándonos afectuosamente, lamiendo nuestros cuellos, oliéndonos... ¡Qué lindo hombre, por Dios!

Aunque no lo habíamos hablado, creo que los dos sabíamos que esa noche sería su debut como pasivo; al menos yo intentaría que así fuese...

Mientras me comía el cuello y me abrazaba, Andrés dijo en mi oído:

—No sé si me animo, pero, por las dudas, hoy me higienicé como me explicaste.

Uy, me estaba diciendo: *"Me vas a garchar, pa, te entrego mi orto"*.

Andrés tomó la iniciativa y me hizo acostar boca arriba en el sillón; comenzó a deslizar mi *short* y mis calzas para dejarme en bolas. Mientras que él arrancaba las zapatillas de mis pies, me saqué la remera. Me miró fijamente, se tiró sobre mí y comenzó a comerme la boca salvajemente. Le saqué la remera y quedamos pecho a pecho, él sobre mí.

Andrés comenzó a ejercer presión con su pelvis, haciendo movimientos rítmicos. Los dos teníamos nuestros miembros erectos y duros. Le pedí que se parase para sacarle el *short*, que tomé de la cintura y fui deslizándolo hacia el piso, poniéndome detrás de él, para quedar arrodillado frente a sus nalgas, que comencé a mordisquear suavemente.

Me acosté nuevamente boca arriba y Andrés se acostó sobre mí; nuestras chotas erectas se apretaban y cruzaban. Rodeé su cintura con mis piernas y Andrés comenzó nuevamente a realizar movimientos pélvicos como si me estuviese cojiendo.

Comencé a franelearle el orto con ambas manos... Tomé sus nalgas firmemente, apretándole la zona próxima al ano. Sus movimientos me demostraron que lo disfrutaba y que, evidentemente, lo estaba calentando mal.

—Vamos al cuarto para estar más cómodos —dijo.

Nos incorporamos, agarré el frasquito de gel y la caja de preservativos que había dejado sobre la mesa y fuimos hacia su dormitorio. Nos tiramos en la cama y seguimos enroscando nuestras piernas velludas, mientras nos comíamos a besos, abrazados, excitados, entregados al placer.

Inesperadamente, Andrés pronunció las palabras mágicas.

—*Quiero intentarlo* —dijo.

Y sin mediar otra palabra, quedó acostado boca abajo.

¡Por Dios! ¿Cómo podía ser que este tipo, en menos de una semana, se animara a derribar todas las barreras juntas? ¿Cómo controlar mi calentura para poder desvirgarlo amablemente y sin dolor?

Quedé un momento contemplando ese lomazo, que se me ofrecía completamente entregado; las patas largas y velludas; los glúteos redondos cubiertos de pelos. Andrés estaba pidiéndome que le enseñara cómo recibir placer por el orto.

Tomé el frasco de lubricante y embadurné mis manos. No fui directo a su ano; comencé por sus pies, subí hacia las pantorrillas, seguí por sus femorales. Me concentré en percibir sus reacciones y a escuchar los sonidos de placer que comenzaba a emitir. Llegué a sus glúteos y continué por su espalda hasta alcanzar sus hombros. Me acosté sobre él, mordí sus orejas, recorriéndoselas con la lengua…

—¿Te gusta?, ¿vamos bien? —pregunté.

—Sí, *master*... seguí —fue la respuesta de Andrés.

Con una mano tomé mi caño para dejarlo acomodado entre sus glúteos y comencé a hacer movimientos con mi pelvis. Recorrí nuevamente su espalda con ambas manos, bajando para encontrar sus glúteos, solo que, esta vez, me detuve allí.

Tomé nuevamente el frasco de lubricante y deposité una buena porción entre sus nalgas, que comencé a trabajar lentamente, metiendo mis manos en forma rítmica entre ellas, dejándolas resbaladizas.

Tomé una almohada y le pedí a Andrés que elevara el abdomen para poder ubicarla por debajo de él. Con la almohada posicionada, se dejó caer y se relajó, quedando su culo bien parado y completamente a mi disposición. Continué con los masajes y lentamente fui acercando mis dedos hacia su ano, que tenía absolutamente cerrado. Fui apretando suavemente el perímetro; Andrés estaba absolutamente entregado y dispuesto a recibir el máximo placer que yo pudiese brindarle. Comencé a mordisquearle sus glúteos, incorporándome a cada momento para poder observar sus gestos; no quería hacer nada que lo incomodase ni que lo hiciera desistir de su decisión.

Regresé a su culo y comencé el trabajo con mi lengua. Le rodeé el ano con la puntita, le lengüeteé el orificio, fui hacia su perineo, tomé con mi mano su pene para dejárselo apuntando hacia atrás y atrapado entre su cuerpo y la cama; se lo unté con lubricante y comencé a lamérselo. Pasé por sus bolas, regresé a su ano.

Noté que Andrés no dejaba de moverse. Comenzó a mover el culo pidiendo más... Logré meter la lengua en su orificio; Andrés emitió un gemido de placer y empujó sus glúteos hacia arriba, buscando que fuese más adentro... Me embadurné los dedos con lubricante y, casi sin que se diera cuenta, comencé a deslizar uno dentro de su orificio.

—Despacio, te ruego... Sé gentil y haceme gozar sin dolor —dijo.

—Varón, quédate tranquilo, soy la persona indicada como para iniciarte, hoy vas a gozar como jamás lo has hecho y va a ser solo placer —respondí.

El ruego de Andrés y mis propias palabras me excitaron aún más. Regresé a su ano y comencé a meter y a sacar mi dedo. Me quedé quieto y Andrés comenzó a subir y a bajar. Dejé mi mano inmóvil; era su culo el que subía buscando ser penetrado por mi dedo y pude percibir que lentamente comenzaba a relajarse. Estaba logrando mi objetivo de hacerlo calentar al punto de que fuese él solito el que se terminara desvirgando su orto.

Busqué su próstata y comencé a masajeársela. Andrés comenzó a gemir cada vez más intensamente. No dejaba de asombrarme y este era otro caso, el hecho de encontrarme con tipos que no sabían sobre el placer que se podía experimentar a través de un masaje prostático.

Incentivado por su respuesta al placer, me animé, deslicé otro dedo y continué masajeando su próstata.

—¡Por Dios...! —exclamó.

Continué un rato practicándole el masaje prostático; Andrés no paraba de moverse, de gemir y de emitir palabras entrecortadas. Repentinamente, escuché un intenso gemido y vi cómo su chota, inesperadamente, comenzaba a disparar chorros de semen.

—¡Me hiciste venir en seco! Jamás en la vida me sucedió algo así —exclamó Andrés.

Comencé a limpiar su miembro con mi lengua y me acerqué hacia su cara, desparramando en su rostro su propio semen.

—Qué rico… ¿Vamos por más? —pregunté.

—Qué placer, boludo —fueron las únicas palabras entrecortadas que emitió Andrés.

Agarré un preservativo, Andrés me miró y se sentó en la cama, observando cómo me lo calzaba en la chota.

—No sé si me animo, *man*, una cosa es un dedo y otra cosa es ese caño —dijo.

—No fue un dedo, fueron dos, pa —contesté.

Andrés me miró sorprendido; lo abracé y comencé a besarlo, sin permitir que el momento de calentura decayera.

—¿En serio me metiste dos dedos? —preguntó sorprendido.

—Sí, bolas, te metí dos dedos y ni te diste cuenta. Estabas muy caliente, te hice un trabajo lento y delicado, por lo que tu orto se dilató amablemente y creo que estás listo para ir por más; relajate que lo vas a hacer vos solito.

Me abrazó fuerte y se tiró nuevamente de espaldas.

Comencé a laburarle nuevamente el ano; tomé el frasco de lubricante y embadurné mi chota y su culo; apoyé mi glande en su ano, comencé a moverlo de un lado hacia el otro, para que mi cabeza lo masajeara amablemente.

—Lo tenés apoyado en la puerta, nene —dije.

Sin moverme, dejé que decidiera qué hacer. Muy lentamente, se animó a elevar sus glúteos, que yo mantenía separados con mis manos. Había tanto gel que todo se resbalaba fácilmente.

Noté que la punta de mi chota finalmente comenzaba a perderse en su orificio.

—Despacito, por favor, despacito —suplicó Andrés.

—Yo no me muevo, papi, hacelo vos solito —dije.

Tuve que hacer un gran esfuerzo como para quedarme quieto, ya que, instintivamente, tuve ganas de empujar hasta sacársela por la boca, pero debía ser paciente. Andrés se quedó inmóvil durante unos segundos; vi que agarraba la almohada con las dos manos y que hundía su cabeza en ella; elevó un poco más sus glúteos y mi glande, finalmente, se abrió paso.

Andrés pegó un grito ahogado, que fue atenuado por la almohada que cubría su boca. Con mi pija dura como roca, permanecí inmóvil, a la espera de su movimiento; solo me separé un poco para poder observar cómo su anillo abrazaba mi glande.

—Varón, ya tenés la cabeza adentro —dije.

—Ya lo noté, boludo, me abriste el orto... No doy más, no puedo ni pensar, parece la rama de un árbol —contestó Andrés.

Nuevamente tuve que hacer un enorme esfuerzo como para dominar el impulso de enterrársela entera.

Se la saqué y lo puse boca arriba. Observé su cara colorada, transpirada, agitada y su gesto de alivio. Tomé sus piernas para dejarlas abrazando mi cintura y me tiré sobre él para besarlo y abrazarlo tiernamente. Tomé nuevamente el frasco de lubricante y volví a embadurnar mi pija y su culo. En esa posición y sin dejar de hablarle ni de besarlo, posicioné nuevamente mi glande en su ano, dejé que lentamente se abriese camino; me quedé unos segundos quieto, para que se acostumbrase a la sensación y ahí sí, finalmente, me dejé caer muy suavemente, sintiendo como el resto de mi chota entraba profundamente dentro suyo, mientras que me abrazaba fuertemente.

—Uf… Me estás cojiendo, sos un hijo de puta, me terminaste cojiendo y me la metiste hasta la garganta —dijo Andrés.

—Relajate y concentrate en disfrutar —dije.

No puedo creer el tener un caño en mi orto y encima, estar gozándolo —dijo.

La calentura que venía intentando manejar, más las palabras de Andrés, hicieron que mi fiera soltase las cadenas y no pude más que comenzar a cojerlo activamente. Comencé a incrementar el ritmo de mis movimientos, no salvajemente, pero sí firmemente y sin pausa.

—¿Te gusta, lindo? —pregunté.

Andrés no respondía y tenía la cara que parecía a punto de explotar, lo que me produjo aún más morbo y me motivó como para incrementar el ritmo de mis embestidas. Andrés solo emitía sonidos de exclamación. Yo sentía que su ano se había dilatado y que, si bien era muy estrecho, el lubricante estaba haciendo su trabajo, por lo que mi caño se deslizaba fácilmente al entrar y al salir.

Repentinamente, sentí que había perdido el control y me invadió una oleada de espasmos; comencé a largar leche y a gritar, acompañando cada embestida. Andrés, casi simultáneamente y sin tocarse, comenzó a venirse nuevamente, por lo que saqué mi pija de su orto y agarré su chota con mi boca, para capturar nuevamente todo el semen que fuese posible; esta vez sin tragarlo. Comencé a jugar con la crema entre mis labios, que acerqué a su boca y terminé dándole un hermoso beso blanco. Andrés no ofreció resistencia alguna y también, por primera vez en su vida, tragó su propio semen.

Me quité el preservativo y le pedí que me la chupara, pero se negó.

Quedamos tirados boca arriba, mientras que Andrés repetía una y otra vez:

—En menos de una semana me pervertiste... El domingo a la mañana era un tipo coje minas y hoy, jueves por la noche, terminé desvirgado por todos lados. Me la mamaste, te garché, ahora me desvirgaste el orto...

—Uy, *man*... No pienses tanto, relájate y disfruta... ¿Estás bien...? —pregunté.

—Mañana te cuento si me puedo sentar —respondió Andrés.

—No seas nabo… Fue todo muy cuidado, se te dilató despacio y entró solito, bien lubricado, sin trauma ni dolor —dije.

Andrés miró mi chota que aún estaba semierecta y dijo:

—No entiendo cómo me banqué que me metieses todo eso en el orto.

Me hubiese gustado compartir toda la noche, pero ya habían transcurrido dos horas y debía regresar a casa, por lo que,

110

sin decir mucho más, nos vestimos y le pedí que me alcanzara hasta mi auto para hacer el simulacro del regreso.

En el camino, me preguntó nuevamente por el otro casado del edificio y le conté que se trataba del flaco que se había mudado hacía poco tiempo al lado de mi departamento.

—¿Ese que tiene un lomazo increíble que también es peludo y que su jermu es una rubia que la rompe? —preguntó.

—El mismo, pa... ese mismo —respondí, agregando— ¡mirá vos!, veo que no perdiste el tiempo y que tampoco se te escapa una... Los tenés bien marcados, ¿eh? —dije.

—Los marqué a los dos, porque reconozco la belleza física, sea de quien sea. No te puedo creer que ese flaco también se la come... —dijo.

—Viste... también se la come y no sabés cómo... Encima, tiene una chota divina... Si te animás, tanteo a ver si le interesa hacer un trío y te adelanto que, por la onda que percibí, creo que se prende en todas... —comenté.

Llegamos a la esquina del súper, regresamos al edificio, cada uno en su auto, nos despedimos en el _hall_ como si recién nos hubiésemos encontrado, y cada uno fue hacia su departamento.

Ya estaba todo sobre la mesa, nada que ocultar; solo era cuestión de combinar para continuar gozando del sexo y de esta nueva amistad.

Capítulo VIII
Mi reencuentro con Martín

Pasado un tiempo, dejé de concurrir al gimnasio donde había conocido a Martín. Durante estos años, lo había cruzado ocasionalmente en la calle, porque vivíamos por la misma zona, pero nunca fue más que un *"hola y chau"*.

Nuevamente, mi mujer había viajado unos días por trabajo y yo tenía un día libre pendiente en el mío, por lo que, luego de dejar a mi hijo en el colegio, decidí ir al supermercado.

Transcurrían los últimos días de calor residual en Baires, ya que, aparentemente, el invierno no quería llegar, por lo que me puse un *short* de rugby y una remera de manga corta.

Ingresé al súper y me dirigí al área de verduras; tomé algunas bolsas plásticas y vi que, de espaldas a mí, un tipo estaba estirando el brazo para alcanzar unos tomates; observé el culo hermoso y las patas peludas; se dio vuelta y, para mi sorpresa, resultó ser Martín.

—¿Qué hacés, *man?*, ¿cómo va? —dije.

—Todo bien —contestó Martín.

Comenzamos a hablar boludeces y caminamos juntos entre las góndolas, mientras que seguíamos con nuestras compras, sin hacer mención alguna sobre lo acontecido hacía unos años en mi casa.

Llegamos al pasillo central y observé a una pareja que venía caminando hacia nosotros; el flaco, también en *short*, remera de mangas cortas, medias sin caña, un lomazo espectacular, y la mina en calzas, portando un físico tremendo.

Se aproximaron y saludaron efusivamente a Martín.

—Un amigo —dijo Martín, presentándonos.

—Yo a vos te conozco —dije, dirigiéndome al flaco.

El flaco, entrecerrando sus ojos, me miró, como intentando identificar quién era yo.

—Sí, ¿qué hacés?, no te había reconocido —dijo finalmente.

El flaco en cuestión se llamaba Facundo, con quien me había sucedido algo que me quedó siempre dando vueltas en la cabeza por lo pelotudo que había sido yo en ese momento.

Facundo concurría al mismo gimnasio al que yo iba y siempre entrenaba vistiendo un *short* de la Cruz Roja; era guardavidas. Un día, terminamos al mismo tiempo nuestras rutinas y nos cruzamos en el vestuario, sin que hubiese nadie más. Yo me había sacado la ropa para ir a la ducha y Facundo hizo un comentario sobre cómo me había cambiado el físico.

En ese momento, no supe qué decir, más que *"Sí"*. Lo único y más osado que atiné a hacer fue meterme en la ducha frente a la que él estaba, para simplemente observar cómo la espuma del jabón se deslizaba por su pecho y por la tremenda pija que tenía, sin haberme animado a decir ni a hacer nada.

Luego de ese episodio, me quedé pensando por mucho tiempo en lo pelotudo que había sido, porque le podría haber hecho un comentario como *"Qué lomazo que tenés vos también"* o algo así, pero me quedé callado y con las ganas de haber intentado algo.

La mujer de Facundo saludó y le dijo que se iba con el auto

a hacer unos trámites, por lo que quedamos los tres en el supermercado y continuamos con las compras.

Martín nos comentó que su hijo estaba enfermo y que estaba empelotado de estar en la casa encerrado y solo. Se me ocurrió ofrecerle unas cuantas películas de la colección de mi hijo como para que se las llevase.

Terminamos y salimos del súper. Martín y Facundo estaban sin auto, por lo que les ofrecí alcanzarlos hasta algún lugar. Subimos al auto; Martín se sentó en el asiento del acompañante y Facundo, detrás. Agarré la palanca de cambios y, adrede, rocé su pierna, pero Martín no acusó recibo; ese leve contacto me hizo calentar mal y me trajo el recuerdo de lo sucedido hacía algunos años.

Miré por el espejo retrovisor y me encontré con la imagen de Facundo, que se había sentado con las piernas abiertas y a quien se le notaba el bulto marcado entre las patas musculosas y peludas. Mis ratones rápidamente comenzaron a correr.

Salimos del estacionamiento y se me ocurrió preguntar:

—Che, Martín, ¿querés pasar por casa así te presto los *DVD* para que se los lleves a tu hijo? Después te llevo a tu casa.

—Uy, dale, estaría bueno —respondió Martín.

—¿Vos podés, Facundo?, si no te alcanzo a vos primero —dije.

—No tengo apuro, estoy al pedo —respondió Facundo.

Durante el trayecto, repetí el roce de piernas y ahí, Martín esbozó una sonrisa, sin que Facundo se diera cuenta del juego.

Claramente, Martín había entendido que lo estaba haciendo adrede y, aparentemente, comenzaba a disfrutar del jueguito.

Estábamos cerca de mi departamento y yo maquinando qué carajo podía hacer para llevarme a estas dos bestias juntas a la cama.

Llegamos al edificio y frené, esperando a que se abriese el portón.

—¿Te mudaste? —preguntó Martín.

—Sí, casa grande y muchos gastos —respondí.

Subimos hablando sobre la casa que yo tenía y de otras boludeces. Entramos al departamento y los invité a que se pusieran cómodos, mientras fui a la cocina para buscar alguna bebida. Martín y Facundo se sentaron en el mismo sillón; regresé con vasos, con una jarra de jugo y me senté en el sillón frente a ellos.

El espectáculo era realmente tremendo; los dos en *short*, hermosas patas peludas, lindos tipos, ambos casados; ¡mi Dios!

Agarré unos cuantos *DVD* para que Martín eligiera y, sin otra idea que se me ocurriese, decidí tirarme a la pileta. Busqué en mi portafolio un disco que tenía con películas porno y haciéndome el pelotudo lo puse en el reproductor.

Entre las películas que tenía en ese disco, había una que me interesaba en especial, en la que dos bestias le hacían una doble penetración a otro machito menos corpulento, pero muy lindo.

Como sabía exactamente el número de *track* y el avance donde estaba la escena, lo busqué y me senté, esperando ver la reacción de Martín y, fundamentalmente, la de Facundo.

Al aparecer la imagen en la pantalla, fue indescriptible la transformación en la cara de Facundo. Dejó el vaso de jugo, giró el cuerpo hacia la TV, con una pierna doblada sobre el sillón y con el otro pie apoyado en el suelo.

—¿Qué es esto? —dijo.

—Uy… disculpen, me equivoqué de disco —dije, incorporándome para sacarlo.

Martín me miró y comenzó a reírse.

—No, pará, no lo saques, que jamás vi algo así; en verdad, jamás vi a dos machos garchando y menos a tres —comentó Facundo.

Sabiendo que al menos había logrado el primer paso de captar su atención y de intrigarlo, me senté nuevamente y quedé a la espera de lo que pudiese suceder. Mi caño ya estaba a punto de salirse de mi *short*. Noté que Martín estaba en la misma situación y que me miraba sonriendo y haciéndome un gesto como diciéndome *"Sos muy hijo de puta"*.

Facundo decía en voz baja, con la pera apoyada en su mano: *"No lo puedo creer, miren qué pinta de machos y cómo le están dando pija"*.

Noté que se había sentado derecho, pero sin sacar los ojos de la pantalla, y estaba claro que había comenzado a tener una erección. Sin dar más vueltas, me bajé el *short* y comencé a pajearme; Martín siguió mis pasos, mientras que Facundo nos miraba, totalmente desconcertado por la situación.

El hijo de puta de Martín acercó su pierna a la de Facundo, haciendo que las dos quedasen pegadas, y se recostó sobre la cabecera del sillón, sin dejar de masturbarse. Su actitud me sorprendió; estaba claro que, en el tiempo transcurrido desde nuestro último encuentro, Martín se había despojado de todo prejuicio y que, seguramente, estaba viviendo libremente su sexualidad.

Facundo estaba claramente *shockeado* por la situación en la que inesperadamente se encontraba involucrado. Miré a Martín con un gesto cómplice, me incorporé, caminé hacia Facundo y quedé arrodillado frente a él; Martín se sentó y, extendiendo una mano, tomó la cintura del *short* de Facundo y la deslizó hacia abajo, dejando al descubierto la tremenda pija, que, completamente erecta, le llegaba hasta el ombligo.

Sin darle tiempo a reaccionar, la agarré y la metí en mi boca, mientras que Martín miraba sonriendo.

—Pará, boludo, ¿qué haces? —dijo Facundo.

Sin prestar atención a su comentario, se la continué mamando, mientras que Martín le sacaba la remera, dejando al descubierto su lomo laburado y lampiño.

—Ustedes dos están en pedo, yo me las tomo —dijo Facundo, intentando incorporarse.

Martín apoyó una mano en su pecho y otra en su muslo derecho, impidiendo que se pudiese levantar, mientras que yo continuaba mamando su miembro.

Martín acercó su boca a la mía, agarró con su mano la pija

de Facundo y se la puso dentro de la boca, mientras que yo comencé a mamarle las bolas. De fondo, escuchábamos los gemidos del flaco de la película que ya tenía las dos pijas adentro.

Martín y yo rápidamente entramos en un estado de morbo total, cruzando nuestras lenguas en el recorrido sobre el miembro y sobre las bolas de Facundo. Comenzamos a mamarle la pija los dos juntos, haciendo que ese enorme caño se deslizara apretado contra nuestros labios.

Engullí nuevamente su pija y vi como Martín comenzaba a recorrer con la lengua el pubis de Facundo, subiendo por su abdomen; continuó subiendo por su pecho y comenzó a lamerle y a mordisquearle las tetillas.

—Paren, boludos, me quiero ir —insistió Facundo, medio asustado y claramente perturbado.

Sin prestar atención a sus palabras, Martín comenzó a recorrer con su lengua las axilas de Facundo y siguió por su cuello. Yo no largaba su miembro y comencé a franelearle las patas musculosas y velludas. Martín, que actuaba sin frenos y que parecía estar dispuesto a hacer cualquier cosa, comenzó a pasar su lengua por los labios de Facundo, que giró su cabeza, intentando evitar la boca de Martín.

—Pará —insistió Facundo.

La desesperación de Facundo por zafar de esa situación pareció encender aún más a Martín, que, con ambas manos, tomó su cara, impidiendo que se pudiese mover y le clavó un tremendo beso en la boca.

—¿Qué haces, forro?, ¡tan machito y resulta que ahora sos

puto! —dijo Facundo, dirigiéndose a Martín.

—No, boludo, no soy puto, aprendí a disfrutar del sexo sin prejuicios, solo eso —respondió Martín, clavándole otro beso.

Me incorporé y los invité a ir hacia la habitación. Facundo, que había quedado liberado, se subió el *short* y se puso la remera.

—Me voy, ustedes dos están en pedo; si tienen ganas y les gusta, cójanse entre ustedes —dijo enojado.

Yo no tenía muchas posibilidades de acción, ya que Facundo era un tipo al que prácticamente no conocía, por lo que no podía hacer mucho más que insistirle verbalmente para que se quedase.

Sorpresivamente, Martín lo abrazó y lo fue llevando casi a la fuerza hacia el cuarto, donde le sacó nuevamente la remera y lo empujó sobre la cama. Confiando en que Martín sabría cómo mantenerlo allí, rápidamente, fui al baño para hacerme una profunda limpieza con el chorro de agua del bidet, porque tenía bien claro lo que quería que sucediera.

Regresé al cuarto y encontré a Martín mamándole la poronga. Me quedé observando por un momento la espectacular escena y me acerqué para tomar el miembro de Martín, que comencé a mamar deliciosamente. Permanecimos un buen rato haciendo un trencito de mamadas.

Acerqué mi cara a la de Martín y dije:

—Quiero probar lo de la película.

—No tengo drama; si te animas a comerte dos pijas juntas,

probemos, pero a mí ni en pedo me meten dos —dijo Martín.

Agarré el frasco de lubricante y me unté bien el orto. Le pedí a Martín que se acostara boca arriba.

—Facundo, arrodillate y metele la pija en la boca a Martín, que parece que hoy está goloso —dije.

—Porque a vos no te gusta, ¿no? —replicó Martín.

Facundo, sin decir nada y actuando como en *shock*, superado por la situación, acercó su miembro a la cara de Martín, que lo agarró con una mano y lo introdujo nuevamente en su boca. Siendo espectador de esa espectacular imagen, me paré sobre la cama, me ubiqué de frente a Martín, poniéndome en cuclillas, con mi culo a la altura de su miembro erecto y lentamente, comencé a descender, para embocar su pija en mi ojete, apoyando mi mano sobre el hombro de Facundo, para no perder el equilibrio. Sentí el glande de Martín puerteándome y me mantuve un rato así, jugando con su pene alrededor de mi ano.

Continué descendiendo y sentí como el glande de Martín comenzaba a distender mi ano, abriendo lentamente su camino. Frené para acostumbrarme al diámetro de su miembro y, luego de unos minutos, continué bajando, haciendo que el tronco completo terminara de introducirse dentro de mí.

Comencé a moverme, sintiendo un placer supremo al ver a estas dos bestias en mi cama. Me concentré en disfrutar la sensación de tener nuevamente a Martín dentro de mí, luego de varios años de haberlo hecho debutar.

Observé que Facundo estaba con los ojos cerrados, inmerso en el placer que le proporcionaba Martín con la tremenda mamada que le estaba dando. Temeroso por su reacción, puse mi mano en su nuca y lo atraje hacia mí, con la intención de estamparle un beso. Facundo abrió los ojos y ofreció resistencia; lo miré fijamente y, sin decir nada, solo con la mirada le dije: *"Dale…"* Facundo fue cediendo y acercó su boca hacia la mía. Le di un profundo beso y no dejé hueco de su boca sin recorrer con mi lengua.

—Quiero hacer lo de la película —le dije al oído.

—¿Querés dos pijas juntas en el orto? —preguntó sorprendido Facundo.

—Nunca lo hice, pero quiero intentar; andá atrás y garchame —respondí.

Facundo se incorporó, dejándolo a Martín desprovisto de su chupete, y se arrodilló detrás de mí. Yo saqué la pija de Martín de mi orto con la intención de que Facundo me la pusiera un rato solo. Me recosté sobre Martín y le comí la boca, dejando mi orto bien parado y a disposición de Facundo.

Sentí que Facundo apoyaba su glande en mi ano y que comenzaba a ejercer presión. Mi ojete estaba bien dilatado por la cojida previa de Martín, pero el miembro de Facundo se sentía más grande. Sin aviso y de una embestida, me lo enterró completo. Hundí mi cabeza en la almohada, al lado de la cabeza de Martín y emití una exclamación…

—Uy, boludo… qué caño; no sé si me banco otra más, son muy grandes —dije.

Facundo comenzó a bombearme el orto a un ritmo parejo, sacándomela casi entera y volviéndomela a enterrar hasta las pelotas, una y otra vez, sin pausa. Seguí besando a Martín y

122

lentamente comencé a relajarme, haciendo que mi ano se dilatara más y más.

Cada embestida de Facundo hacía que mi cuerpo se moviera hacia adelante, provocando que mi miembro y el de Martín, que estaban erectos y atrapados entre nuestras panzas, se rozasen y se masturbasen. La situación me llevó a un grado de calentura en el que deseaba más y más pija, lo que me impulsó a intentar la doble penetración.

El miembro de Facundo, a pesar de su tamaño, entraba y salía fácilmente, sin ningún tipo de dolor ni de molestia. Le pedí que me lo sacara.

Me incorporé, tomé el frasco de lubricante, embadurné completamente sus pijas, lubriqué más mi ano y me posicioné en cuclillas frente a Martín, para fácilmente introducirme su miembro hasta el fondo. Martín comenzó a mover rítmicamente su pelvis para bombear mi culo.

—Uy, qué rico —exclamé, acomodando mis rodillas para afirmarme.

—Increíble cómo esa pija entra y sale de tu orto, *man,* ¿no te duele? —preguntó Facundo, que estaba parado detrás de mí, observando la escena.

Sin responder, le pedí a Martín que se quedase quieto. Me recosté sobre su pecho, elevé bien mi cola, teniendo cuidado de que su miembro no se saliera de mi ano y le dije a Facundo que intentara metérmela.

Dejé mi cara al lado de la de Martín, lo abracé y, al sentir el glande de Facundo apoyándose al lado del caño de Martín, me invadió una sensación de excitación extrema, mezclada con miedo. Era mi primera vez intentando una penetración doble y realmente, no sabía si lograría concretarla.

—Tranquilo, relájate, que te comes las dos juntas —dijo Martín a mi oído.

Resultaba una situación sorprendente que el tipo a quien yo había iniciado hace unos años fuese el que ahora me estuviese diciendo que me relajara para intentar una experiencia nueva.

Percibí las manos de Facundo que tomaban mi cadera y su miembro que comenzaba a ejercer presión. Apreté fuertemente a Martín y noté que el miembro de Facundo comenzaba a abrirse paso junto al pene de Martín, que ya tenía enterrado.

Mi cuerpo, inevitablemente, se tensionó.

—Pará, pará —le dije a Facundo, que, ante mi pedido, quedó inmóvil.

—¿Estás bien? —preguntó Martín.

—Sí, sí, pero denme tiempo para relajarme —contesté.

Observé la escena a través del espejo lateral de la cama; los cuádriceps voluminosos y peludos de Facundo marcados al máximo por la posición de cuclillas; el cuerpo peludo de Martín tendido boca arriba y yo, cual _sándwich_, atrapado entre los dos.

—Dale, pero bien despacio —dije.

Facundo comenzó a presionar suavemente, como si tuviese experiencia haciendo dobles penetraciones y quizá ya las hubiese experimentado con alguna minita. Yo estaba tan caliente que sentía como mi orto se dilataba cada vez más y percibí como, finalmente, la tremenda pija de Facundo se introducía dentro de mí.

—¡Por Dios! —exclamé.

Apoyé la cabeza sobre el pecho de Martín y me quedé inmóvil, esperando a que se acomodaran bien las dos pijas dentro de mi ojete. Facundo afirmó bien sus pies sobre el colchón y se quedó quieto, a la espera de mi reacción.

—Qué lindo, papi, cómo te estamos cojiendo; finalmente, tenés dos pijas juntas en el orto, estás concretando tu fantasía —dijo Martín, haciéndome excitar aún más.

Bajé un poco más el culo, para que el caño de Martín se pudiese enterrar un poco más y ahí le pedí a Facundo que comenzara a bombear.

Comenzó a moverse lentamente; sentía como su pija se deslizaba, mientras que la de Martín se mantenía quieta y erecta dentro de mí.

Me cojíeron así un buen rato, hasta que Martín elevó su pelvis para comenzar a bombearme, por lo que ambas pijas entraban y salían rítmicamente. Ambos habían tomado un rol absolutamente activo y estaban disfrutando de la tremenda culeada que me estaban pegando.

—Qué rico que se siente tener las dos porongas rozándose apretadas por tu orto —dijo Martín.

Me sentí absolutamente sometido, sin posibilidades de moverme ni de hablar.

Le pedí a Facundo que me la sacara y cuando lo hizo, me incorporé para sacarme la de Martín.

—Uf… Quiero continuar disfrutando, pero teniendo un rol más activo —dije.

—A mí ni en pedo me cojen —dijo Facundo.

No, no quiero cojerte… Va, en verdad sí, me encantaría cojerte, pero lo que quiero es que probemos otra posición —contesté.

—Ah, pero no se me ocurre de qué otra manera te podés meter dos pijas juntas en el orto —dijo Facundo.

Les pedí que se acostaran boca arriba, con las piernas enfrentadas. Le indiqué a Martín que dejase su pierna derecha por debajo de la pierna izquierda de Facundo y la pierna izquierda por arriba de la derecha de Facundo; les indiqué que se deslizaran hacia adelante, hasta que sus bolas se tocaran.

Siguieron mis instrucciones, hasta que sus miembros erectos se juntaron. Los agarré con la mano y, nuevamente en cuclillas, posicioné mi culo y comencé a descender, hasta sentir como los dos troncos juntos me penetraban y se perdían dentro de mí.

Por momentos, sentí algo de dolor, porque la penetración fue más profunda y sus dos pijas, claramente, superaban el tamaño promedio.

En esa posición, comencé a subir y bajar a mi antojo, mirándome a través del espejo y esta vez dominando la situación.

Quise intentar una tercera posición, teniéndolo a Martín frente de mí, por lo que me incorporé y le pedí a Facundo que se quedase acostado boca arriba, pero que se acercara al borde de la cama para dejar sus pies apoyados en el suelo. Martín se quedó parado, atento a mis movimientos.

Me puse en cuclillas, pero dándole la espalda a Facundo, y bajé para enterrarme su caño. Me recosté de espaldas sobre su pecho, teniendo cuidado de que su pene no saliera de mi ano.

—Dale, pibe, dame por adelante —le indiqué a Martín.

—Boludo, ¿vas a escribir el _Kama Sutra gay_? —dijo Martín riendo.

Se acercó, elevó levemente mis piernas, posicionó su glande junto al tronco de Facundo y comenzó a empujar. Su miembro se deslizó dentro de mí y rápidamente comenzó a bombear.

Tenerlo a Martín frente de mí, con su pecho poblado de pelos y con una cara de morbo tremendo, sintiéndome llenado como jamás lo había estado antes, me hizo descontrolar.

—Denme pija, denme pija, por favor —repetía, casi rogándoles.

En ese momento, me hubiese gustado tener otra en la boca. El grado extremo de excitación al que me había llevado esta situación hizo que mi pija comenzara a largar leche sin control.

Rápidamente, Martín sacó su pija de mi orto.

—Me vengó —dijo.

Se quitó el forro y comenzó a disparar chorros de semen sobre mi pecho.

—Levantate que yo también me vengo —dijo Facundo.

Saqué su pija de mi orto y me quedé acostado boca arriba. Facundo se arrodilló a mi lado y acercó su pija a mi cara. Aunque con un poco de temor, no pude resistirme a la tentación de metérmela en la boca. Facundo se estaba viniendo; puso una mano por detrás de mi nuca y no pude moverme más. Rápidamente, sentí una cantidad enorme de leche que comenzaba a invadir mi boca; continué mamándosela y sentí que Martín agarraba mis piernas, las elevaba y me penetraba nuevamente. Comenzó a bombearme y a acelerar el ritmo, hasta llegar a su clímax por segunda vez.

Rápidamente me la sacó del culo y la puso en mi boca, haciéndome tragar su segunda tanda de leche.

Me quedé un rato tirado boca arriba, viendo cómo Martín, arrodillado y con su culo apuntando hacia mí, se prendía nuevamente a la pija de Facundo. Semejante imagen provocó que mi miembro se erectase nuevamente. Sin pedir permiso, agarré el frasco de lubricante, unté bien mi pene, lubriqué bien su orto y le introduje un par de dedos.

Sin largar la pija de Facundo, Martín solo emitió un gemido. Inmediatamente, apoyé mi pija sobre su ano y me dejé caer, enterrándosela hasta las bolas.

—Ay, boludo, me mataste —exclamó Martín.

—¿Te dejó de gustar durante este tiempo? —pregunté.

—No, boludo, pará, pará, quedate quieto que me duele; no lo hago muy seguido —continuó diciendo.

Le di tiempo para que se repusiera y lentamente, comencé

a bombearle el orto; por momentos, inclinándome hacia adelante, para besar a Facundo, mientras que Martín continuaba mamándole la pija, que nuevamente estaba erecta y dura como estaca.

Continuamos así, hasta que llegué al punto de no retorno y comencé a llenarle las tripas de semen. Me tiré sobre su espalda, dejando mi cabeza cerca de la suya. Facundo emitió un grito contenido y pude ver cómo de la boca de Martín comenzaba a chorrear leche. Me acerqué y comencé a lamer su barbilla y a besarlo para saborear lo que pudiera. Continuamos jugando con la pija de Facundo, hasta dejarla completamente seca y muerta.

Finalmente, quedamos los tres arrodillados en la cama, tocándonos las pijas y limpiando con nuestras lenguas los hilos de semen que aún quedaban colgando de nuestros labios.

—No puedo creer lo que me hicieron hacer —decía repetidamente Facundo.

Martín comenzó a contarle con lujo de detalles la experiencia que había vivido conmigo hacía ya algunos años, cuando había debutado sexualmente con un hombre. Facundo escuchaba atentamente el relato.

En un acto de complicidad, comenzamos a franelear los firmes glúteos de Facundo, y fuimos en busca de su ano, con el objetivo de introducirle un dedo.

—Ahora te toca entregar a vos, pibe —dijo Martín, sonriendo.

—Déjenme de joder, a mí no me cojen —contestó Facundo, con un gesto de nerviosismo dibujado en su rostro, al no saber si Martín hablaba seriamente.

—Si no te animas hoy, quedate tranquilo, que no te vamos a violar, pero ¿sabés cuántas veces escuché esa frase y después la tentación y la curiosidad hicieron que se terminen comiendo una pija…? Si no, preguntale a Martín —dije riendo.

—Sos un hijo de puta —dijo Martín, mirándome a los ojos.

—Quizá, para la próxima; después de unas cervezas, lo hagamos aflojar —dije, dirigiéndome a Martín, haciendo referencia a lo que había sucedido con él durante aquella maravillosa noche de verano en mi casa.

Nos vestimos, le di unas películas a Martín y luego los alcancé a sus respectivas casas, quedando en que, en cuanto pudiésemos, trataríamos de repetir la experiencia.

Capítulo IX
Soporte técnico

Hacía un tiempo que venía teniendo problemas con mi conexión a internet, por lo que llamé a mi empresa proveedora para que me enviasen asistencia técnica. Se programó la visita de un técnico para el martes 14 de marzo. Llegado el día, despaché a la familia y me quedé solo en casa a la espera de la visita.

A las 12 del mediodía sonó el portero y era el técnico, por lo que bajé a abrir. Desde el *hall* del edificio, pude ver que el Sr. en cuestión era un flaco que ya había venido en un par de ocasiones y al que le había echado el ojo desde su primera visita, porque me pareció que estaba más para *Hollywood* que para técnico de una empresa.

El clima estaba templado. El flaco vestía el uniforme de la empresa, tenía el cuello de la camisa abierto y las mangas remangadas, por lo que se podían ver los pelos de su pecho que acariciaban su nuez y sus antebrazos recubiertos de pelos; combo perfecto como para que mi pija se pare automáticamente.

Me acerqué a abrir la puerta, nos saludamos y subimos en el ascensor hablando las típicas boludeces de *"qué frío ayer, hoy está lindo"*, etc. Ya había comenzado a ratonearme, pensando en que entraríamos a mi departamento los dos solos.

Entramos y le expliqué cuál era el problema que tenía. Me pidió permiso para sentarse frente a la computadora y comenzó a hacer algunas pruebas. Él miraba atentamente el monitor y yo clavé mis ojos en sus brazos peludos; sabía que su pecho también lo era e imaginé que, indefectiblemente, sus piernas también deberían estar cubiertas de pelos.

Salió el tema del mundial de fútbol y me comentó que había mucho laburo porque todo el mundo estaba pidiendo decodificadores digitales.

Finalmente, terminó de testear la conexión y dijo:

—Bueno, hombre, listo... ¿Lo puedo ayudar con algo más?

Se me ocurrieron tantas cosas con las que me podía ayudar... pero como padre de familia, no podía lanzarme al vacío así nomás y sin paracaídas...

—Podrías verificar la conexión de la ficha del televisor en mi cuarto, porque por momentos, en algunos canales hay interferencias con la imagen —dije.

—Sí, cómo no —contestó.

Lo guié hacia el dormitorio y se tiró al piso bajo el mueble en el que estaba el *LCD*, quedando boca arriba. Estiró sus brazos y el movimiento hizo que la camisa se le saliera del pantalón, dejando descubierta la parte inferior de su panza que, obviamente, estaba cubierta de pelos. Mis ojos se fueron directo a su bulto que se le marcaba notablemente. Creí que no aguantaría la tentación y que me le tiraría encima.

En esa situación, él tirado en el piso y yo sentado en el borde de la cama, comenzamos a hablar de los hijos y me contó que hacía una semana había sido padre por primera vez; automáticamente pensé: *"Este flaco hace un rato largo que no la pone y debe estar clavándose una paja tras la otra, además de estar sanito..."*.

—Qué bueno, te felicito. La parte complicada es la cuarentena, ¿no? —dije.

—Ya que lo menciona... sí, hace rato que nada de nada —contestó.

—Te pido que me tutees; no soy tan viejo —dije, intentando crear un clima más amigable y de confianza.

—Es la costumbre de tratar así a los clientes —dijo y agregó— bueno... listo, maestro.

Agarré unos billetes de mi billetera para dárselos por la buena predisposición que había tenido.

—No, por favor... No me debés nada —contestó y preguntó— ¿Me permitís pasar al baño?

—Claro —dije.

Le indiqué dónde estaba y, haciéndome el boludo, me quedé apoyado en el marco de la puerta y continué con el tema de la cuarentena. El flaco quedó medio desconcertado por mi actitud de quedarme parado allí, siguiendo la conversación, pero se estaba meando, así que peló su pija y comenzó a orinar.

¡Mi Dios!, ¡qué hermosura de poronga! Gruesa, pareja y enorme. Imaginé que, si muerta se veía así, erecta debería medir al menos 22 x 6 o quizá más. Clavé la mirada en ese caño y el flaco se dio cuenta.

—Uy, flaco, vos sí que saliste beneficiado en el reparto; mirá que yo la tengo grande, pero vos me ganaste... ¡Qué pedazo de poronga que tenés! —dije, no pudiendo dar crédito a mis propias palabras.

Sonrió e hizo un gesto, como no sabiendo bien qué responder.

—La verdad es que no me quejo —contestó.

—Sí, imagino que debés estar contento; las minas deben sacar turno para comerse ese misil y disculpame que sea tan confianzudo, pero imagino que la que seguramente sí debe quejarse es tu mujer cuando se la metes por el orto —dije.

—No, no, mi mujer el orto no lo entrega… De todas maneras, ya perdí la cuenta de cuánto hace que no la pongo en ningún lado —contestó.

La conversación había tomado un tinte bastante privado. Continué con la vista clavada en ese matambre y pensando en qué decir o en qué hacer.

—Dejame que te devuelva el favor —dije, tirándome a la pileta y sin medir mis palabras.

Como si no me hubiese escuchado, pero teniendo claro que yo lo estaba provocando, giró, abrió el grifo del lavabo y comenzó a lavársela, sin que yo dejara de seguir con la mirada sus movimientos. Giró nuevamente, quedando enfrentado a mí, con su pene colgando por fuera de la braketa y dibujando en su rostro una sonrisa sádica, dijo:

—No se me ocurre cómo.

Luz verde, pensé. Sin perder tiempo y evitando un posible arrepentimiento, me arrodillé, le desabroché la cintura del

pantalón, haciendo que cayera al piso, dejando descubiertas sus hermosas patas peludas, y me engullí esa salchicha alemana.

Me costó mantenerla dentro de mi boca, realmente, de un tamaño enorme. Le di un buen rato al glande, mordiéndole el frenillo y metiéndomela nuevamente en la boca. El flaco comenzó a gemir.

—Sí, como necesitaba esto; seguí mamando —dijo.

Le pegué una mamada increíble, mientras que recorría con mis manos su pancita peluda; lamí sus bolas, sus piernas. Noté que con ambas manos agarraba mi cabeza para comenzar a manejar el ritmo, mientras que me cojía la boca. Percibí que ya estaba a punto caramelo y noté el sabor del líquido preseminal que comenzaba a emerger de su glande.

—Sí, sí, me vengo —dijo.

Me quedé solo con el glande dentro de mi boca, hasta que sentí un mar de semen espeso llenándomela. Tragué la primera eyaculación y se la continué mamando, mientras que otra oleada de semen llenó mi boca. Por la cantidad y por la densidad, claramente hacía tiempo que no eyaculaba.

Espasmos incontrolables invadieron su cuerpo y sus piernas temblaban notoriamente. Saqué su pija de mi boca y con mucho morbo llevé hacia mis labios el semen depositado sobre mi lengua; comencé a mover el blanco manjar de un lado al otro; lo introducía nuevamente en mi boca y repetía el movimiento, mirándolo hacia arriba con cara de degenerado. Él me miraba y cerraba los ojos tratando de recomponerse.

Continué mamándosela y me di cuenta de que no se le bajaba; se mantenía dura como un mástil. Comencé a incorporarme y subí con mi lengua por su panza, pecho, cuello y barbilla.

Llegué a la altura de su boca y cuando intenté darle un beso, rápidamente corrió la cara, por lo que no quise insistir. Agarré su pija con la mano y le pregunté:

—¿Querés cojerme?

Esbozó una sonrisa, pero no contestó, así que lo tomé como un *"sí"*. Me senté en el bidet y me hice un lavado profundo. Lo invité al dormitorio, le saqué la ropa y me puse en bolas.

—Increíble cómo mamás pija —dijo, agregando— y te mantenés muy bien por tu edad.

—Che, tampoco es que sea un anciano… Vos sí que la rompes; estás buenísimo; mirá el lomo armadito y peludo que tenés —dije.

Quedó sentado en la cama. Agarré un forrito de la mesa de luz y se lo di; me paré frente a él, pasé una mano por debajo de mis bolas para lubricarme el orto con abundante gel, mientras que él me miraba y sonreía.

—También tenés chota grande, *man* —dijo.

—Sí, siempre me elogian por eso, pero no llego a lo que es la tuya —respondí.

Yo estaba muy caliente, pero también un poco asustado.

A pesar de la doble penetración que había experimentado con Martín y con Facundo, realmente, no recordaba haberme comido algo tan grande como la de este flaco. De todas maneras, el experimentado en ese momento era yo, por lo que debía manejar la situación.

—Relajate y acostate —dije.

Me tiré a su lado y comencé a lamerlo todo, desde los pies hasta la frente. Le di un buen rato nuevamente a las bolas y a su pija, mientras que él se animaba y comenzaba a explorar mi cuerpo con sus manos.

Calcé el forro en su morcilla y lo llené de lubricante. Me puse en posición de cuclillas, mirándolo de frente, hasta hacer que su pene quedase apoyado en mi ano. Bajé un poco y frené, porque me di cuenta de que no iba a entrar fácilmente y no tenía intenciones de terminar lastimado.

—¿No te la bancas? —preguntó.

—Todo entra, pero es grande y necesito tiempo para distenderme —contesté.

Subí y me puse más gel en el orto… Comencé a jugar con su poronga entre mis nalgas, apoyándomela, separándome con ambas manos los glúteos. Sentí que mi ano comenzaba a dilatarse de la calentura que me estaba generando este tipo.

Me puse nuevamente en posición de cuclillas y, mirándolo a los ojos, comencé a descender. Sentí la cabeza nuevamente puerteándome el ano y bajé un poco más. Sentí que mi ano comenzaba a distenderse. Me miró e hizo un gesto con la boca como diciendo *"qué bueno está ese orto bien apretado"*. Me detuve nuevamente y apoyé las palmas de mis manos a los costados de su cara; acercando mi cabeza hacia su oído, dije:

—Realmente es enorme.

Permanecí unos instantes así, jugando con su glande en la puerta de mi ano. Inesperadamente, me miró fijamente a los ojos, se pasó la lengua por los labios, agarró con ambas manos mi cintura inmovilizándome y dijo:

—Bancátela.

Antes de que yo entendiera por qué lo decía, elevó su pelvis y, despegando su culo de la cama, hizo que ese monstruo comenzara a invadirme, dejándome sin ninguna posibilidad de que pudiese impedirlo. Intenté subir un poco, pero con sus manos agarrando firmemente mi cintura, lo impidió. Lo miré fijo a los ojos, transmitiéndole mi sensación. Con una mano tapó rápidamente mi boca para ahogar mi grito de dolor. Elevó más su pelvis, logrando que su caño entero me penetrase hasta llegar a mi garganta.

Había sido penetrado infinidad de veces, en todas las posiciones imaginables, pero no recordaba el haber sido sometido por un pene tan grande, ni haber sentido tanto dolor.

Comenzó a bajar su pelvis lentamente, hasta quedar con su culo nuevamente apoyado en la cama; yo me mantuve erguido, por lo que su pija salió completa de mi ano. Me dejé caer a su lado, aliviado y sintiendo el ano dolorido.

—¡Me mataste, animal! ¡Portando semejante pija, no podés penetrar a un ano de esa manera…! Es lógico que tu mujer no te lo entregue —dije, medio enojado.

—Perdón, estoy que exploto de calentura, ¿y ahora qué hacemos?, ¿me dejás así, con la chota dura? —preguntó.

Comencé a comerle la boca y no ofreció resistencia. Me calentó tanto que se dejara besar y, habiendo desaparecido el dolor en mi orto, me incorporé nuevamente y ya con el ano dilatado y sin sentir dolor, me senté despacio sobre su pija hasta metérmela entera nuevamente. Fue una sensación de estar realmente lleno; únicamente comparable con lo que había experimentado con una doble penetración. Mi ano se distendía más y más, por lo que comencé a moverme y a aumentar el ritmo; subía y bajaba rápidamente; cambiaba el ritmo, haciendo que solo la punta del glande quedase dentro de mí, para luego bajar y enterrármela entera nuevamente; lo estaba disfrutando mal.

Qué macho, qué pija, qué buen *"soporte técnico"*.

Me tiré de espaldas a su lado y le pedí que me cojiera de frente. El flaco se incorporó, levantó mis patas, las apoyó sobre sus hombros y me la enterró nuevamente. Ya no dolía, aunque persistía la sensación de tener algo realmente enorme dentro de mí. Se veía tan lindo, tan macho, con los pectorales marcados y cubiertos por un manto de pelo. Lo tomé de la nuca y lo acerqué hacia mí para comerle la boca, mientras que me la seguía enterrando.

Comencé a moverme desenfrenadamente.

—Cojeme bestia, cojete a este macho y hacelo bien a lo macho —dije, en medio de un estado de morbo descomunal.

Me pidió que me pusiera en cuatro para cojerme en posición de perrito. Me dio un poco de temor, por el tamaño de su pija, por su inexperiencia y porque yo perdería el control. No obstante, accedí; me puse en cuatro en el borde de la cama, el flaco se paró en el piso detrás de mí y esta vez, muy lentamente, comenzó a deslizar su caño dentro de mi ano. Indescriptible la sensación de su miembro entrándome despacio y sin fin.

Comenzó a bombearme y lentamente fue incrementando el ritmo. Por momentos, tuve la sensación de que me la sacaría por la boca, pero estaba disfrutando de semejante pedazo. Le pedí que por favor me avisara cuando estuviese por terminar, porque quería toda su leche nuevamente en mi boca. Continuó cojiéndome por un buen rato, agarrándome de la cintura y sintiendo sus bolas golpeando contra mis nalgas. Realmente, hacía mucho que no me trabajaban el orto de esa manera. Este flaco sí que estaba caliente y necesitado de atención.

Finalmente, me dijo que estaba listo; me tiré boca arriba, dejando la cabeza colgando por fuera de la cama para que metiera su pija dentro de mi boca, cosa que hizo inmediatamente y comenzó a largar otra tanda de exquisito semen, espeso y blanco. Se la continué mamando hasta agotar la última gota, mientras me masturbaba, hasta acabar sobre mi panza. Para mi sorpresa, se tiró encima de mí y comenzó a besarme.

—Me diste mucho morbo —dijo, con un hilo de semen colgando de sus labios.

—¿Habías probado tu semen? —pregunté.

—Sí, a veces me da morbo y de la calentura, al pajearme acabo en mi mano, lo llevo hacia mi boca y me lo trago, pero jamás lo hice de esta manera —contestó.

Me dio mucho morbo el imaginarme la escena de esta bestia pajeándose, largando guasca en su mano y llevándosela a su boca.

Continuamos besándonos y compartiendo su espeso néctar, hasta tragar la última gota. Permanecimos tirados boca arriba, uno al lado del otro, conversando un rato.

—Es mi primera vez garchando con un macho, me hiciste debutar —dijo.

—Imaginé que era así —contesté.

—¿Y por qué imaginaste que no lo había hecho antes? —preguntó.

—Porque, generalmente, el que la pone, hace una previa con el orto del pasivo como para dilatárselo y para distenderlo… Encima, tenés una pija enorme y no es fácil que entre —dije.

—Tengo que aprender —respondió.

—¿Lo disfrutaste? —pregunté.

—Uf, increíble la mamada que me pegaste y la sensación de mi pija apretada en tu orto… muy caliente, *man*, pero no entiendo cómo te lo bancas —respondió.

Yo disfruto tremendamente garchando con tipos; el placer de tener una pija masajeándome permanentemente la próstata es indescriptible, lo tenés que probar —dije.

—Gracias, pero ni en pedo —dijo riendo.

—Bueno, todos dicen lo mismo —contesté sonriendo.

—Olvidate —dijo.

—¿Tenés algún problema con que nos pasemos números de celulares? —pregunté.

—Me da un poco de miedo, pero imagino que vas a ser discreto… Anotá, Cristian es mi nombre —contestó, pasándome su número.

Le pasé el mío, fue al baño para higienizarse, se vistió y lo acompañé hasta la calle.

—Adiós, jefe… —dijo saludándome.

—Chau, gracias —contesté.

Quedé por un buen rato con el orto sensibilizado, producto de tamaña faena a la que había sido sometido por semejante pedazo, aunque ansioso por volver a experimentarlo y quizá, aunque no creía que se atreviera, tentar a Cristian para que me entregase la virginidad de su ano.

Capítulo X
Dos días después

Transcurrieron dos días desde la inesperada experiencia con Cristian, cuando recibí un mensaje suyo preguntándome si me podía llamar; la verdad es que deseaba que en algún momento se produjera el contacto y estaba decidido a llamarlo, pero nunca imaginé que fuese él quien lo hiciera tan rápido. Le contesté que sí, que no había problemas. Inmediatamente sonó mi celular.

—¿Qué dice, Señor? —dije.

—¿Qué haces, bestia? —contestó Cristian, que sin pausa y verborrágicamente continuó— Me quedé muy movilizado con lo que sucedió el otro día y me clavé varias pajas pensando en eso.

—Mirá vos… Realmente, yo lo pasé espectacular, me recontra calentaste, aunque te confieso que aún me duele el orto —contesté riendo.

Del otro lado del teléfono, se escuchó la carcajada de Cristian.

—Pero increíble como gozaste… y justamente, de eso te quería hablar.

—¿Querés hablar de cómo gocé? —pregunté, haciéndome el boludo.

—No, boludo; escuchame, hoy tengo franco, ¿podemos encontrarnos al mediodía para tomar un café y charlar? —preguntó.

—Dejame ver cómo organizo mi agenda y te envío mensaje —respondí.

—Dale, quedamos así —dijo Cristian.

Por supuesto que moví lo que tenía que mover como para liberar el mediodía, ya que me interesaba seguir en contacto con Cristian y me intrigaba muchísimo su comentario y la premura con la que me había contactado.

Finalmente, le envié mensaje, proponiéndole encontrarnos a las 12:30 en un bar muy tranquilo cerca de casa y contestó rápidamente dándome el ok.

A las doce y cuarto, confieso que un tanto ansioso, ya estaba instalado en una mesa del bar aguardando su llegada. Lo vi cruzar la avenida vistiendo un jean, campera liviana, zapatos bien cancheros, barbita sin afeitar, camisa con los dos primeros botones desabrochados, que dejaban ver los pelos de su pecho. Al llegar a la vereda, se cruzó con un par de minas que, sin que él lo notara, sonrieron y se dieron vuelta para mirarle el culo. Me quedé pensando: _"Si estas supieran que hace dos días, este tipo al que le están mirando el orto se estaba empomando a otro macho…"_

Cristian ingresó al bar, se acercó y me dio un beso en la mejilla; nos sentamos y cruzamos los típicos comentarios superfluos que fueron interrumpidos por el camarero.

—¿Les dejo una carta? —preguntó.

Miré a Cristian, como preguntándole si quería elegir algo.

—No, no, para mí un cortado en jarrito; va, no sé si vos vas a querer otra cosa —dijo.

—No, otro cortado para mí —respondí.

El camarero se acercó a la mesa para retirar el menú y clavé mi vista en su bulto, haciéndole un gesto a Cristian. El tipo se fue y Cristian dijo:

—Sos tremendo… No podés…

Comenzamos a reírnos.

—Está bueno para meterlo en la cama… podríamos armar un trío —dije.

Cristian puso las manos sobre su cara y volvió a decir:

—Sos tremendo, *man*, no tenés límites…

Me reí, pensando en que esa frase me la habían dicho varias veces y decidí dejar el tema ahí.

Llegaron los cortados; las mesas cercanas estaban vacías y la música de fondo, a un volumen bajo, que permitía mantener una conversación tranquila y distendida.

—¿Cómo te sentiste después de tu debut del otro día? —pregunté.

—Sinceramente, no pude sacarme de la cabeza ese momento, la manera en la que me mamaste la verga; también me asombró el ver como disfrutabas con mi pija en tu orto —contestó.

Yo escuchaba atento y en silencio, dispuesto a dejar que se explayase y ver hacia dónde quería ir con la conversación.

—Mirá, la verdad es que siempre fui un tipo muy jodón y

garché con muchas minas —continuó.

—Y, *man*, con la facha que tenés, no me extraña, ni lo dudo —dije.

—Yo soy un tipo común, un flaco de barrio; siempre asocié al sexo entre tipos con los maricones, afeminados, travestis y nunca me hubiese imaginado una situación como la del martes, entre dos tipos bien varones —dijo.

Le conté un poco sobre mi historia y sobre mis experiencias con machos.

—Pará, *man*, relatas las cosas de una manera que ya se me puso la chota dura —dijo Cristian.

—Uy… Con ese pedazo, te va a estallar el pantalón —comenté.

Ambos comenzamos a reír.

—Tu mujer, ¿sabe algo? —preguntó.

—Mirá, explícitamente no; aunque, en realidad, nunca podés estar seguro si es que las mujeres saben o no; quizá lo saben y se hacen las boludas. Mi mujer a veces me mete dedos en el orto mientras cojemos y en un par de ocasiones, probamos con un consolador, pero realmente, me dio vergüenza y no me pude relajar totalmente —contesté.

—Bajá la voz, boludo, que te van a escuchar —dijo Cristian.

—Qué irónico, ¿no? Vergüenza con mi mujer y desprejuicio total con otro macho —continué.

—Uy, *man*, qué jugado y caliente… Yo nunca me dejé meter un dedo en el orto, porque toda la vida lo asocié con cosas que hacen los putos, pero viendo cómo gozabas el otro día, me quedé realmente sorprendido e intrigado… ¿Cómo es que gozás tanto? —preguntó Cristian.

—Uf, mirá; es la típica pregunta del hetero curioso primerizo —dije.

—Contame que no sé; soy inexperto en estos temas —insistió Cristian.

—¿Sabés qué sucede? La mayoría de los tipos creen que se las saben todas sobre el tema sexo y, por falta de información, no tienen idea de todo lo que podrían disfrutar o hacer disfrutar a sus parejas, sean mujeres u hombres. Lo único que saben, en verdad, es ponerla, pero no tienen idea de cómo hacer volar a su pareja de turno, ni cómo podrían volar ellos mismos si se liberasen de tanto prejuicio —dije.

Cristian escuchaba atento, con los ojos bien abiertos y sin emitir palabra.

—Todos los machos creen que el orgasmo se produce solo al eyacular y no es así en absoluto —agregué.

—Ah, ¿no? Pero si el orgasmo se produce cuando eyaculás —dijo Cristian.

—No, varón, estás totalmente equivocado; yo he tenido muchas veces orgasmos tremendos que duraron minutos y la eyaculación vino mucho después —dije.

—¿Cómo es eso? —preguntó intrigado.

—Mirá, yo no hice cursos ni leí sobre el tema; lo que te

puedo asegurar es que muchas veces se produce tal grado de conexión o quizá es uno que está atravesando un momento especial, no lo sé, que te lleva a experimentar algo sensacional… No te digo que suceda todos los días, pero te aseguro que me ha pasado de estar garchando con mi mujer y sentir que comenzaba a experimentar un terrible orgasmo, igual que en el momento de eyacular, pero sin acabar, y continué bombeando; cada roce provocaba esa sensación… Me mantuve bombeando por varios minutos, en un estado de orgasmo permanente, y el momento de la eyaculación es sublime, inexplicable e intransferible —continué con mi relato.

Cristian permanecía impávido y atento.

—Si a lo que te cuento le sumas que te estén masajeando la próstata permanentemente… Uf, la sensación es indescriptible y si lográs relajarte como para alcanzar una buena dilatación para que no te duela, es realmente placentero. Gozás por el orto, gozás si al mismo tiempo te están mamando la pija, gozás si te garchás a alguien y al mismo tiempo te garchan a vos… No sé, la sexualidad es realmente muy amplia y todo depende de los permisos que uno esté dispuesto a darse —agregué.

—Ah, bue… vos sí que la tenés atada —comentó Cristian.

—Mirá, no quiero atosigarte con tanta información, pero no hace mucho, me animé a una doble penetración —dije.

—Que… ¿Uno te daba por el orto mientras que se la mamabas a otro? —preguntó.

—No… doble penetración, en el caso de un hombre, se llama cuando tenés dos pijas juntas en el orto —contesté.

—No… no se puede… No podés bancarte dos pijas juntas en el orto; si te dolió solo la mía, ¿cómo te vas a aguantar dos? —dijo Cristian.

—Te aseguro que se puede y que lo hice —repliqué.

Cristian me miraba fijamente a los ojos, haciendo gestos con la boca. Permaneció así, sin emitir palabra alguna, como perdido en sus pensamientos.

—Quiero probar —dijo repentinamente.

Confieso que fue uno de los pocos momentos en los que me quedé sin palabras; realmente, no esperaba escuchar lo que Cristian acababa de decir.

—Si me estoy perdiendo todo lo que contaste, quiero experimentarlo; tu relato confirma lo que percibí el otro día cuando te vi gozar y te escuché gritar de placer —dijo.

—Pero… ¿querés probar ahora? —pregunté intrigado.

—Sí, antes de que me arrepienta. ¿Cómo hacemos? —dijo.

—Cerca del río hay un telo muy discreto con cocheras privadas directas a las habitaciones y tengo vidrios polarizados en el auto —dije. —No, boludo, me da mucha vergüenza entrar a un telo con un macho —contestó Cristian.

—No seas bolas, no nos va a ver nadie, excepto el o la de la entrada —insistí.

Cristian hizo un gesto de aceptación. Llamamos al camarero, pagué la cuenta y nos fuimos a buscar el auto; subimos y nos fuimos camino al telo.

Ya dentro del auto, puse una mano sobre su bulto, que estaba semierecto; agarré su mano, que noté fría y algo transpirada, seguramente por los nervios, y la puse sobre el mío, que estaba a punto de explotar.

Llegamos al telo y pedí un cuarto común, sin jacuzzi, porque era lo que menos me interesaba usar. Ingresamos a la cochera y, apretando un botón, bajé la cortina.

—Ves, ya estamos adentro y nadie se enteró —dije.

Subimos al cuarto, dejamos los abrigos sobre un sillón y me acerqué de frente para comenzar a tocarlo.

Tenía claro que, si iba a ser el privilegiado de desvirgarle el orto a esta bestia, tendría que llevar las cosas bien despacio y con mucha paciencia. Desabroché los botones de su camisa y comencé a recorrerle el pecho con mis manos, pellizcándole las tetillas, subiendo por su cuello, bajando hacia la panza.

Apoyé mi bulto contra el suyo y tomé su cara con ambas manos. Saqué la lengua y lamí suavemente sus labios. Percibí su respiración un poco agitada; tomé su mano y lo conduje hacia la cama, lo senté y me arrodillé para sacarle los zapatos y las medias, luego quité su camisa. Yo también me quedé en cuero, solo con el *jean* puesto y así, nos tiramos sobre la cama.

Tenía claro que, por ahora, lo salvaje no tendría cabida; debería ser muy cuidadoso para llevarlo paso a paso a un grado de calentura tal, como para que solito me terminase rogando porque me lo cojíera.

Ya había vivido la experiencia con Diego en el sur y con Martín y Andrés, a quienes había tenido el privilegio de desvirgarles el orto, y ahora tenía esta nueva oportunidad.

Comenzamos a besarnos, metiendo lengua bien profunda y de una manera muy dulce pero morbosa. Lamí su cara, sus orejas, su cuello, mientras sentía el roce de su barba sin afeitar contra la mía, que también la mantenía al ras. Le hablé permanentemente, con la intención de relajarlo y de excitarlo.

—¿Te gusta?, ¿estás cómodo?, ¿qué querés que te haga? —pregunté.

—Haceme lo que quieras, pero sé amable —respondió, como si estuviese trasladado a otra dimensión.

Comencé a bajar con mi lengua por su pecho, mordí sus tetillas, di vueltas por su ombligo… Desabroché su pantalón e inmediatamente vi su pija que salía por sobre la cintura del *bóxer*. Cristian elevó un poco la cola para que le pudiese quitar el pantalón y se lo fui deslizando por las piernas, al mismo tiempo que las recorría con mi lengua.

Terminé de sacarle el *jean* y comencé a subir con mi lengua por sus pies, sus pantorrillas musculosas y peludas; continué por los muslos, me fui a la entrepierna y, a pesar de las ganas que le tenía, pasé de largo por su pija y volví a su ombligo, tetillas y boca.

Cristian yacía absolutamente entregado y dispuesto a recibir placer.

Me incorporé, me saqué el *jean* y el *bóxer*, quedando totalmente en bolas. Viéndolo acostado boca arriba, en todo su esplendor, me hizo pensar si lo que estaba viviendo era realidad o si se trataba solo de un lindo sueño.

Sus piernas colgaban por fuera de la cama, haciendo que sus cuádriceps, claramente trabajados, se marcaran; sus pantorrillas tremendamente musculosas y peludas, el abdomen chato y las tetas firmes y marcadas, repletas de pelos; el ejemplar perfecto.

—Cristian, sos un espectáculo increíble, qué lindo macho, por Dios, no podés estar tan bueno.

Me acosté nuevamente a su lado, lo abracé y seguí besándolo.

—Me estás haciendo sentir muy bien, pa —dijo Cristian.

Lo noté realmente relajado. Comencé a quitarle el _bóxer_ y agarré su pene; tomé su mano, invitándolo a que agarrase el mío. Era la primera vez que Cristian agarraba una poronga que no fuese la suya. Comenzamos a masturbarnos uno al otro. Bajé y comencé a mamársela.

—Qué lindo… sos un maestro —dijo Cristian.

Me arrodillé frente a él, dejando mi pija pegada a su cara. Me miró, me la agarró y, sin dudarlo, la metió en su boca. A pesar de su inexperiencia, rápidamente encontró el ritmo para pegarme una linda mamada y hacerme gozar. Disfruté un buen rato del espectáculo de ver a ese macho tragándose mipija y de la sensación de su lengua recorriendo mi glande.

La saqué de su boca y vi cómo quedaba chorreando saliva de su barbilla, que comencé a limpiar con mi lengua.

Me posicioné para hacer un 69 y comencé a mamarle la pija; Cristian agarró la mía y comenzó a comérsela nuevamente.

Disfrutamos por largo tiempo de una riquísima mamada cruzada.

Sintiendo que ya estaba listo para avanzar un paso, me incorporé. Cristian me miró, como esperando instrucciones.

—Vení, vamos al baño que te explico cómo higienizarte —dije.

Se incorporó y quedamos los dos parados, observando nuestros cuerpos reflejados en el espejo. ¡Cómo me calentó esa imagen! Ver a este pibe con el lomito marcado, peludo y pensar que, si hacía las cosas bien, me lo terminaría garchando.

Le estampé un beso y lo llevé al baño. Gradúe la temperatura del agua del bidet y cuando estaba tibia, le dije que se sentara y fui moviendo la llave para que saliera el chorro de la flor cada vez con más presión. Le indiqué que tomara el jabón, que lavara bien su ano y que se fuese relajando y que sintiera como el chorrito de agua tibia le puerteaba el orto. Siguió mis instrucciones y vi cómo cerraba los ojos para entregarse al placer que comenzaba a sentir. Giré las llaves para aumentar el caudal, hasta que el chorro de agua se abrió camino y le llenó las tripas, dejando todo bien limpio y preparado para su desvirgue.

—¿Cómo se siente? —pregunté.

—Rarísimo, pero placentero —respondió Cristian.

Le pedí que se metiera en la ducha mientras que yo también me hacía un lavaje; quería estar preparado, por si tenía la oportunidad de probar nuevamente ese misil. Luego me metí en la ducha junto a él y comencé a enjabonarlo todo; nos franeleamos y comimos nuestras bocas por largo tiempo, mientras que el agua tibia recorría nuestros cuerpos.

Nos secamos y regresamos a la cama. Pedí a la recepción que me enviasen gel lubricante y preservativos. Comenzamos a besarnos y a masturbarnos nuevamente. Me incorporé para buscar el pedido que había llegado; regresé a la cama y continuamos con un espléndido 69.

Con su culo bien higienizado y el frasco de gel a mano, dejé su pija y bajé hacia sus bolas; comencé a lamerle el perineo y noté como Cristian comenzaba a inquietarse y a ponerse tenso. Su intención era experimentar cosas nuevas, pero evidentemente, no le resultaría fácil ceder y entregar su virginidad.

Lo mantuve un buen rato así, intercalando entre pija, bolas, perineo, sin darle tregua y con la intención de hacerle experimentar solo placer.

Luego de unos minutos, lo noté absolutamente relajado, lo que me animó para seguir con mi lengua hacia su ano, que escupí y lengüeteé, intentando que se fuese dilatando. Cristian no sacaba mi pija de su boca; tuve la sensación de que estaba realmente disfrutando de la nueva experiencia de mamar una verga.

Sin dejar de lamerle el orto, tomé el frasco de gel y unté bien mis dedos; comencé a pasarle las manos entre las nalgas, hasta que quedaron bien resbalosas. Con la lengua, regresé a su perineo y, bien despacio, comencé a jugar con mis dedos alrededor de su ano. En ese momento, sacó mi pija de su boca, se acostó boca arriba y dejó las piernas flexionadas, con las plantas de sus pies apoyadas sobre la cama. Me acerqué a su cara.

—¿Estás bien? —pregunté, sin saber si su cambio de posición se debía a que no quería que jugase más con su orto.

—Seguí —respondió, sin abrir los ojos.

Creo que nunca se me había puesto la pija tan dura como en ese momento. Cristian me estaba dando luz verde como para continuar recorriendo el camino hacia su desvirgue.

Tomé una almohada y la puse bajo su cintura para elevar su orto. Levanté sus piernas y comencé nuevamente a jugar con mis dedos alrededor de su ano y, muy lentamente, comencé a deslizarle mi dedo mayor por el orificio, dirigiéndome directamente a su próstata.

Cristian apoyó una mano sobre mi brazo y lo apretó. Observé cómo exhalaba lentamente por la boca, intentando relajarse. Rápidamente, encontré la nuez del placer y con la yema del dedo comencé a masajeársela. Cristian comenzó a moverse y a emitir sonidos de placer y noté que comenzaba a perder el control. De la punta de su glande, comenzaba a chorrear líquido preseminal. Sin dejar de masajearle la próstata, limpie su glande con la lengua. Saqué el dedo de su ano y, lubricándome nuevamente la mano, muy lentamente, comencé a introducirle dos dedos juntos. Cristian intentó detenerme.

—Pará, boludo, despacito, despacito, por favor —dijo.

—Relajate y disfrutá; no te voy a lastimar; llegamos hasta donde vos quieras.

Lo invité a que se incorporara y nos quedamos los dos arrodillados sobre la cama, uno frente al otro, viéndonos en el espejo. Le dije que se diera vuelta y lo hizo, sin quitar su vista del espejo. Así, arrodillados, con mi pecho apoyado sobre su espalda, comencé a mover mi pija entre sus nalgas y, sorpresivamente, Cristian se dejó caer hacia adelante, quedando boca abajo, dejando su hermoso culo peludo bien parado y a mi disposición.

Me acosté sobre él y continué deslizando mi pija entre sus nalgas, hasta dejar apoyado mi glande en la entrada. Pude percibir nuevamente la tensión en su cuerpo. No pensaba metérsela sin forro, pero quería volverlo loco, así que comencé a rozársela, moviéndola de arriba hacia abajo. Cristian comenzó a mover el culo y me di cuenta de que ya estaba listo para el desvirgué.

Lo hice girar para dejarlo nuevamente boca arriba; me puse un forro y lo embadurné con lubricante.

—¿Lo hacemos?, ¿querés intentarlo? —pregunté.

—Quiero probar, pero sé amable, despacio —respondió Cristian, con la voz entrecortada por sus nervios.

Puse sus patas peludas por sobre mis hombros y apoyé la punta de mi pija en su ano. Cristian permanecía con los ojos cerrados; su cara se había puesto colorada y las venas de su cuello parecían explotar. Ejercí un poco de presión y, nuevamente, agarró mis brazos como para tratar de controlar la situación. Dejé de empujar, dándole tiempo como para que se distendiera. Comencé a pellizcar sus tetillas y a franelear su pecho y sus piernas; apreté sus nalgas, franeleé sus bolas, su pija y su cara.

Pasados un par de minutos, presioné nuevamente y sentí que su ano comenzaba a dilatarse y a abrirse para recibirme.

Cristian hizo un gesto de dolor, por lo que me detuve inmediatamente. Me recosté a su lado y, mientras besaba su cara, comencé a llenarle el orto con lubricante y a meterle dedos. Metí el dedo mayor hasta el fondo y se lo saqué, luego dos juntos y continué un rato con ese ritmo, percibiendo cómo Cristian acomodaba su cuerpo, intentando encontrar la posición más confortable.

Me posicioné detrás de él, elevé sus piernas, nuevamente apoyé mi pija en su ano y comencé a presionar, hasta notar que mi glande se abría camino, deslizándose dentro de su ano. Cristian apretó fuertemente mi antebrazo y, mientras exhalaba, exclamó:

—¡Uy, boludo! Pará, pará... —exclamó.

—¿Estás bien?, ¿la saco? —pregunté.

—No, pará, pará —repitió con voz temblorosa.

Noté que sus piernas, que descansaban sobre mis hombros, temblaban levemente.

—¿Seguimos? —pregunté nuevamente.

Con un movimiento de cabeza y sin hablar, consintió, notablemente excitado y temeroso.

Continué presionando muy lentamente, haciendo que todo mi tronco se metiera dentro de él. Seguí hasta que mis bolas quedaron junto a las suyas y en ese momento me quedé quieto. Cristian agarró con las dos manos los extremos de la almohada; tenía los puños apretados, lo que le hacía marcar todos los músculos de sus brazos y de su cuello.

¡Qué espectáculo! Las patas peludas de Cristian sobre mis hombros, el pecho peludo frente a mí, su cara de macho, con los ojos cerrados, respiración agitada y con mi trozo enterrado adentro suyo.

—Te la estás comiendo entera, pa —dije.

—Por Dios, ni me hables; dejame relajar —respondió Cristian.

Comencé a moverme despacio, sacando casi todo mi miembro y volviéndolo a meter, pero siempre con la cabeza adentro. No quería que ese orto se cerrara nuevamente. Aceleré el ritmo lentamente, percibiendo cómo su ano se aflojaba más y más; necesitaba que ese ano virgen se acostumbrara al tamaño de mi pija. Yo estaba tan caliente y la previa había durado tanto tiempo, que sabía que mi margen antes de explotar sería mínimo.

Noté que la respiración de Cristian se aceleró; pegó un grito seco y, repentinamente, de su pija comenzó a fluir un manantial de semen, que quedó depositado sobre su panza, mientras que un segundo chorro llegó hasta su cara.

¡Creí que me moría de un infarto en ese preciso momento!

Retiré mi pija de su ano, me saqué el forrito y largué toda mi carga sobre su pecho. Su lomo peludo quedó bañado de semen, el suyo y el mío, mezclándose entre los pelos. Le di un beso profundo y bajé directo a su pija para comenzar con la limpieza. Se la lamí hasta dejarla bien seca, subí por su panza limpiándole cada gota; continué por su pecho, donde estaba depositado mi semen mezclado con el suyo; terminé de limpiarle el semen que había quedado en su cara y lo besé, mezclando el exquisito líquido blanco con nuestras salivas.

Cristian me abrazó.

—Esto es un asco, pero me da mucho morbo —dijo y agregó— Sos un maestro, macho... A los treinta y cinco pirulos, me hiciste experimentar un nivel de placer que no imaginaba que existiese.

No era la primera vez que escuchaba ese comentario y esperaba que no fuese la última.

Bajé mi mano hacia su miembro y noté que seguía duro.

—¿Te da para seguir? —preguntó.

No tuve claro si lo decía seriamente o si solo estaba jugando con mi amor propio, por lo que respondí con otra pregunta:

—¿Qué querés hacer?, ¿me querés cojer?

—No, quiero que te acuestes boca arriba y sentarme sobre tu pija como para verme bien en el espejo —dijo Cristian, que, evidentemente, iba por todo.

Para mi sorpresa, su atrevimiento hizo que mi pija se pusiera nuevamente dura. Me calzó un forro, lubricó bien mi pija y, como si tuviese gran experiencia, tomó mi tronco y comenzó a bajar, haciendo que mi caño desapareciera dentro de su ano. Vi en su cara un gesto de dolor, pero Cristian estaba lanzado e iba por todo. Pensé que me explotaba nuevamente y, aunque íbamos por la segunda, creí que no aguantaría ni un minuto.

Comenzó a moverse mirándose en el espejo. Increíble versus cuádriceps tensionados marcándose por su posición de cuclillas.

Tomó un ritmo parejo, haciendo que mi pija entrara y saliera de su ano. Por momentos se la sacaba completa y volvía a bajar para ser taladrado nuevamente. Tuve que cerrar los ojos y pensar en otra cosa, porque no duraría mucho tiempo viendo esa imagen.

Sin decir nada y manejando por completo la situación, se incorporó, se puso de rodillas en el borde de la cama y me pidió que me lo garchara como a una perra, como él lo había hecho conmigo el martes.

No se lo tuvo que pedir dos veces. Me paré detrás de él, puse más lubricante en mi pija y en su orto y se la enterré hasta las pelotas, de un solo envión, haciendo que sus brazos se doblaran y que su cabeza se incrustara contra el colchón, situación que acompañó emitiendo un gemido.

Si quería ser sometido, lo sería. Comencé a darle bien duro. Se escuchaba el sonido de los golpes de mis cuádriceps contra sus glúteos; se la quería hacer llegar hasta la garganta. Pocas veces me había comido un culo redondo y peludo como ese.

Lo tomé de la cintura con una mano y, para traerlo hacia mí, puse la otra sobre su hombro, mientras empujaba duro con mi pija.

Cristian emitía gemidos, pero no se acobardó; claramente, había entrado en un estado de descontrol absoluto.

—Dame fuerte, bestia, dale; ya me desvirgaste el orto, haceme gozar, animal —gritaba.

Le continué bombeando el orto a un ritmo bestial, como pocas veces había cojido antes. Me resultaba llamativo que un tipo que había sido recién desvirgado se animara a tanto.

—Me vengo —dijo.

Lo hice girar y metí su pija en mi boca para tragarme todo. Cristian hizo lo mismo con la mía, haciendo que mis bolas se vaciaran dentro de su boca. Nos quedamos tirados un buen rato, empapados en sudor, saliva y semen.

—Uy, boludo… gracias —dijo Cristian.

—Gracias a vos, nene, un placer garchar con vos. Realmente, a pesar de que no me cojíste, fue uno de los mejores garches de mi vida.

Habremos permanecido treinta minutos acostados boca arriba, viéndonos en el espejo del techo, tocándonos y sin hablar. No sé qué sucedía con mi físico, pero tuve la sensación de que podía seguir.

—¿Conoces a muchos tipos casados? —preguntó Cristian.

—Sí, conozco a muchos, está repleto; seguramente, todos los días te cruzás con alguno en la calle o en el trabajo y ni idea tenés de que se la comen —respondí.

—¿Sabés qué? En el trabajo, hay un flaco medio polaquito, rubión, tirando a colorado, que lo vi varias veces en bolas en las duchas del vestuario; peludo en todo el cuerpo y bien dotado. En ocasiones, me hizo comentarios que me parecieron raros, quizá, como tirándome onda, pero como para mí, hasta encontrarme con vos, el sexo con hombres era un mundo absolutamente desconocido, nunca le di pelota —comentó Cristian.

—Uy, qué lindo… Mirá, Cristian, si el garche que me pegaste el martes y ahora el que te pegué yo a vos te llevaron a experimentar un placer que desconocías, imaginate garchándote al colorado, mientras que yo te hago el orto a vos, o al revés; o imaginate con una pija en la boca y con otra en el orto, ¡o con dos pijas juntas en el orto! —dije.

Cristian escuchaba atento mi comentario.

Tanteá la situación y, si ves que el flaco se prende, arreglamos algo para que sigas experimentando. La semana próxima, mi mujer viaja por laburo, así que dispondré de lugar durante el día —le propuse.

—Dale, cuando lo cruce, si me animo, intentaré indagar un poco —dijo.

Nos dimos una ducha, lo alcancé hasta su auto y regresé a casa, deseando que Cristian se animara a armar el trío con su compañero de trabajo.

Capítulo XI
Soporte técnico x dos

El martes siguiente a Pascuas, recibí un mensaje de Cristian, preguntándome si podíamos hablar; respondí diciéndole que me podía llamar cuando quisiera. Inmediatamente, sonó el celular.

—¿Qué hacés, nene? —pregunté.

—Hola, campeón —respondió Cristian—; acá andamos, todavía sin poderme sentar —agregó riendo.

—Naa… ¡No me digas que no lo disfrutaste! —dije.

—Sí, pa, estuvo muy bueno; estaba un poco nervioso y temeroso, pero lo disfruté —dijo Cristian.

—¿Qué contas? Nos tendríamos que ver nuevamente… ¿Tu amigo? —pregunté.

—Sí, bolas, justamente por eso te llamo; escuchá lo que me pasó —dijo Cristian.

—Contame —contesté, intrigado.

—El lunes, mientras que estaba cambiándome en el vestuario del laburo, me crucé justamente con él. Nos pusimos a charlar boludeces y el flaco me tiró algunos comentarios con doble sentido, solo que, esta vez, me animé a seguírsela —dijo Cristian.

—¿Y?, ¿qué pasó?, contame —pregunté ansioso.

—Ante mi enganche en su juego de dobles sentidos, se acercó y me metió una mano en el bulto —continuó relatando.

—Uy, qué lanzado el pibe, ¿y qué hiciste? —pregunté.

—Lo saqué cagando, porque no quiero tener quilombos en el laburo; imaginate si alguien nos llegaba a ver… pero le pedí el número de celular para hablar tranquilos fuera del ámbito laboral —dijo.

—¿Y? —pregunté.

—Me lo dio y cuando nos íbamos, me preguntó si lo podía acercar con el auto hasta la avenida. Subimos a mi auto y, muy directo, sin ningún tipo de vergüenza, me dijo que yo lo calentaba muchísimo, que él también era casado, que tenía dos hijos y que hacía bastante tiempo que se había animado a disfrutar del garche entre machos… —continuó Cristian.

—Uy, ¡qué confesión! Lanzado y directo el hombre —dije.

—Pará, boludo… y encima, me dijo que se prendía fuego cada vez que me veía en bolas en la ducha; que desde el primer día se había fijado en mi físico espectacular y en mi tremenda pija… —dijo.

—Ah, o sea que desde hace tiempo que te tiene ganas —dije.

—Eso parece… Me salió sonreírle y, con un poco de vergüenza, me animé a decirle que él no estaba nada mal —dijo.

—¡Bien!, te lanzaste —dije.

—Sí… además, comencé a contarle lo sucedido la semana pasada con vos —dijo.

—Upa… estás ventilando nuestro secreto… ¿Y? ¿Qué te

dijo? —pregunté sonriendo.

—No es lo que me dijo, es lo que sucedió —dijo Cristian, que continuó contando— nos pusimos al palo los dos y terminamos en el río, donde me pegó una flor de mamada dentro del auto. Ahí me animé y le pregunté si se quería prender en un trío con vos y me dijo automáticamente que sí… es por eso que te estoy llamando.

—Ah, bué… ¡No pasó una semana y ya te convertiste en un depredador! —dije sonriendo y continué—. Mirá, mi jermu sigue de viaje, por lo que, durante el día, dispongo de lugar; solo es cuestión de arreglar. Decime vos cuándo pueden y vemos.

—La verdad es que me calienta mucho la idea de un trío, pero me da cagazo… Es todo muy rápido lo que me está sucediendo; pasar de la heterosexualidad a haberte garchado y, después de la empomada que me pegaste, ahora este flaco, no sé… —dijo Cristian.

—No te enrosques con títulos sexuales; el tema es pasarla bien, disfrutar, gozar y a la mierda con todo… A mí también me da cosa meter en mi casa a alguien a quien no conozco y en verdad, a vos tampoco te conozco —dije.

—Quedate tranquilo por eso, porque este flaco es re tranquilo y respetuoso; además, los tres somos casados y no queremos quilombos —dijo Cristian.

—Eso es verdad —contesté.

—Bueno, arreglo con Germán y te aviso —dijo.

Uy, ¡Germán!, no sé por qué, pero ese nombre siempre

me había provocado un morbo total.

Cortamos y quedamos en que, cuando arreglase con Germán, me llamaría para coordinar día y hora.

A las dos horas, Cristian me llamaba nuevamente, para decirme que mañana tenían franco, por lo que, cerca del mediodía, podían venir.

Le respondí que los esperaría ansioso y con los brazos abiertos.

Esa noche, tuve que clavarme una buena paja como para poder dormir, porque no podía dejar de imaginar todo lo que podría suceder el día siguiente con estos dos flacos.

Me levanté, desayuné y me fui a correr para relajarme. Regresé, tomé una ducha y me puse nuevamente ropa deportiva, *short* blanco tipo rugbier, medias sin caña, zapatillas y chomba. Hice algunas llamadas y le envié mensaje a Cristian, pidiéndole que, de ser posible, vinieran con ropa deportiva, porque me daba mucho morbo y que, por favor, vinieran los dos bien limpitos y preparados; que aplicase la técnica que le había enseñado la semana pasada en el telo…

Me fui a la farmacia, donde compré lubricante y varias cajas de preservativos. Regresé al departamento y, a pesar de que no se trataría de mi primer trío, confieso que estaba bastante nervioso esperando el momento del encuentro. Finalmente, sonó el timbre, eran las doce menos veinte y bajé a abrir.

En el *hall*, estaba el encargado del edificio y pensé en qué se imaginaría el tipo al verme entrar con dos flacos. Me di cuenta de que, en verdad, me estaba persiguiendo, porque, en definitiva, solo se trataba de dos amigos y nada más que eso.

166

Llegué a la puerta y allí estaban, los dos parados, charlando y sonriendo. Ambos con _shorts_, Cristian con medias como las mías, por lo que se le veían las patas peludas desde los tobillos hasta los muslos, los brazos peludos descubiertos, los pelos saliéndole por el cuello en V de la chomba y el notorio bulto que se le marcaba en el _short_. Germán también vestía _short_ y medias sin caña, lo que dejaba ver unas hermosas patas peludas. Su fisco era parecido al de Cristian, un poco más bajo y en versión rubión, tipo polaco... Esta imagen me encendió el motor automáticamente.

Con una sonrisa de oreja a oreja los saludé y los hice pasar. Saludaron al encargado y nos metimos en el ascensor.

—Lindo amiguito trajiste —dije.

—Vos no estás nada mal —contestó Germán.

—A ver qué tenemos por acá... —dije, metiendo una mano en cada bulto.

Sonrieron y el ascensor llegó a mi piso.

Bajamos, entramos al departamento y los invité a que se pusieran cómodos. Se sentaron los dos en el sillón grande; yo fui hacia la cocina a buscar algo para tomar. Regresé al _living_ y dejé una bandeja con bebida sobre la mesa.

—Así que este es el rubión sobre el que me contaste —dije.

—Veo que ya soy famoso —dijo Germán.

—Me dijo Cristian que te contó sobre la semana pasada... —dije.

—Sí, me contó y realmente, tuviste mucha suerte de iniciar a esta bestia; hace tiempo que terminó prendido fuego al cruzármelo en las duchas del vestuario, haciéndome muchas películas y haciéndole comentario con doble sentido, sobre los que jamás acusó recibo… resulta que viene a revisar una conexión a tu departamento y terminan garchando… una pena que no me haya tocado venir a mí —dijo Germán, sonriendo y apoyando una mano sobre el muslo de Cristian.

Qué calentura me dio ver ese brazo peludo y rubión, apoyado sobre el muslo musculoso y cubierto por pelos negros.

—Sí, boludo, realmente lo pasé de primera las dos veces y te confieso que tenerlos a ustedes dos ahí sentados, uno morocho, el otro rubio, los dos peludos… es muy fuerte —dije.

El muy turro franeleaba la pierna de Cristian y comenzó a alternar, llevando su mano hacia el abdomen, mientras que, con la otra, levantó su remera para dejarme ver su pancita y su pecho peludo.

Me incorporé, caminé hacia ellos, tomé la cara de Germán con ambas manos y le clavé un beso, metiéndole la lengua hasta la campanilla. Este tipo me calentaba tanto o más que Cristian. Buenas patas peludas, buena cara, mucho más lanzado y con más experiencia.

Metí una mano por debajo de su chomba y noté su abdomen chato y su pecho repleto de pelos. Me senté en medio de los dos y comenzamos a besarnos los tres juntos. Las tres lenguas comenzaron a cruzarse unas con otras; los tres con barbas de uno o dos días, de las que raspan. Comenzamos a meternos manos en las porongas. La de Cristian ya la conocía, imposible de olvidar; la de Germán comenzó a aparecer por sobre la cintura del _short_ y calculé que debía ser como la mía, de unos 20 x 5 fácil.

Le bajé el _short_ y comencé a mamársela, mientras que ellos continuaban besándose. Hice lo mismo con la pija de Cristian, que ya estaba al palo. Mientras que degustaba ese misil, sentí que Germán bajaba mi _short_ y que comenzaba a mamármela.

—_Man_, flor de poronga tenés; hoy terminamos todos con el culo roto... —dijo Germán riendo.

Me incorporé y los invité a pasar al cuarto. Me siguieron y comenzamos a desnudarnos frente al espejo. Germán le sacó la chomba a Cristian y luego se sacó la suya. Ambos se acercaron hacia mí y, mientras Cristian me sacaba la chomba, Germán bajaba mi _short_.

Quedamos los tres en pelotas y en zapatillas... Buena imagen para un comercial de ropa deportiva.

Nos tiramos en la cama e iniciamos una buena previa. Besos y lengua por todos lados, los tres bien limpitos, con rico olor, bien varones. Comencé a chuparle la pija, las bolas y el orto a Germán, mientras que él hacía lo propio con Cristian.

Cristian quedó recostado de espaldas y Germán se arrodilló entre sus piernas y de frente, para mamarle bien la pija, dejando su orto bien parado. Yo nunca fui adepto a dar besos negros, pero la imagen me tentó, por lo que comencé a comer su culo como jamás lo había hecho con nadie. Escuchaba los gemidos de Cristian, motivados por la mamada que estaba recibiendo, y los de Germán, por la comida de orto que le estaba pegando yo.

Me tiré boca arriba al lado de Cristian, le pedí a Germán que se acostara del otro lado y pasé cada brazo por detrás de sus cabezas.

—Muchachos... soy el anfitrión, así que la primera ronda elijo yo; quiero que me garchen y quiero probar, si además del mástil que tiene este hijo de puta, es posible que entre otra —dije.

Nos besamos un rato y me prendí en el caño de Cristian, mientras que Germán comenzó a comerme el orto. La experiencia de Germán era notoria; agarraba mi pija, lamía mis bolas, bajaba por mi perineo, regresaba a mi pija, bajaba hacia mi ano; el juego perfecto como para enloquecer a cualquier hombre.

Le di el frasco de lubricante y siguió laburándome el ano. Comenzó a introducirme lentamente un dedo, después dos, después tres.

—Uy, _man_, cómo se te dilata el orto —dijo Germán.

Y era cierto, cuando estoy caliente, mi orto cede fácilmente y con estos dos tipos en mi cama, estaba claro que se me abriría bien abierto.

Comencé a moverme, indicándole que quería más y Germán no se hizo desear mucho. Se calzó un forro y apoyó su glande en mi ano.

—¿Vamos? —preguntó.

Sacándome la pija de Cristian de la boca, respondí:

—Dale, pero entra despacio.

Aunque no lo conocía, tuve la intuición de que no era necesario hacerle ninguna advertencia ni darle indicación alguna, ya que, seguramente, sabía manejarse muy bien.

Comencé a besar a Cristian e inmediatamente sentí la presión que ejercía la pija de Germán sobre mi ano, abriéndose camino rápidamente dentro de mí. Realmente, no me dolió, pero sentí que me llenaba. Me la metió bien lento y hasta las pelotas.

—¿Estás bien? —preguntó.

—Sí, bien, se siente divino, dame pija —respondí, sintiendo que mi cara, que estaba pegada a la de Cristian, estaba colorada.

Germán comenzó su trabajo de bombeo. Veía nuestras imágenes en el espejo lateral; yo comiéndole la boca a Cristian, mientras que Germán, arrodillado detrás de mí, me tomaba con una mano el hombro y con la otra la cintura, para enterrarme su miembro hasta las pelotas, con una cara de morbo total.

Mientras que Germán seguía dándome duro, Cristian me dijo al oído:

—Quiero darte pija.

Le pedí a Germán que me la sacara; me incorporé y quedamos los dos arrodillados, viendo cómo Cristian se calzaba un forro.

—Quiero probar ese mástil —dijo Germán.

—Después; primero es todo mío —dije.

Me puse en cuclillas frente a Cristian, haciendo que su pija quedase apoyada en mi ano. Germán quedó arrodillado a mi lado, besándome y ayudándome a mantener el equilibrio. Comencé a bajar y sentí que la pija de Cristian se abría paso dentro de mí; cerré los ojos y murmuré en el oído de Germán:

—Es tremendo el caño de este turro.

Lentamente fue penetrándome, hasta quedar completamente dentro de mí. No había resultado tan traumático como la primera vez, porque tenía el orto bien dilatado por la previa con Germán.

Tal como lo había hecho en nuestro primer encuentro, Cristian comenzó a subir y a bajar su pelvis; claramente, le gustaba ser el macho cojedor y dominante.

Germán sacó el forro de su pene, se paró sobre la cama, dejando su pija frente a mi boca, para que se la mamara, cosa que hice con sumo placer. El tronco de Cristian, dándole duro y parejo a mi culo y el rubio peludo dándome pija por la boca... Situación soñada.

Nos mantuvimos un rato en esta posición. Mi grado de calentura y el goce que estaba experimentando me hicieron pensar que, probablemente, pudiese soportar las dos pijas juntas.

Si había logrado hacerla con Martín y con Facundo, ¿por qué no hacerla nuevamente? Mi única duda era que, ni Martín ni Facundo, tenían la dotación con la que portaba Cristian.

Me incorporé y les dije que quería probar la doble; si salía, salía y si no, nos turnaríamos y seguiríamos de a uno por vez. Después de todo, nadie estaba obligado a hacer algo que no quisiera.

Sabía que Cristian jamás lo había hecho y sospechaba que

Germán, probablemente, sí la hubiese experimentado, sea como pasivo o como activo.

—¿Alguna vez lo hiciste? —le pregunté a Germán.

—Un par de veces, como activo y como pasivo, pero no con una pija como la de este animal y otra grande como la tuya —respondió Germán.

Evidentemente, el flaco tenía un largo camino recorrido y muy probablemente, no le quedara mucha cosa por experimentar en el terreno sexual.

Le pedí a Cristian que se incorporara. Quedó arrodillado junto a Germán; ambos con los miembros erectos. Acerqué mi boca y comencé a mamarles las pijas, mientras que ellos se besaban. Realmente, hermoso tener a mi disposición a estos dos tipos.

Pensé que, en principio, lo mejor sería hacer la posición tradicional de doble penetración, introduciéndome primero la pija más grande, por lo que le pedí a Cristian que se acostase nuevamente boca arriba. Le coloqué un forrito, bañé su miembro con lubricante y me acomodé para sentir cómo rápidamente mi orto era penetrado y llenado por su pene.

Cristian comenzó nuevamente a mover su pelvis y a bombear mi orto. Vi a través del espejo que Germán estaba poniéndose un forro en su pene, que lubricó, y luego se puso en cuclillas detrás de mí, agarrándose de mis hombros. La verdad es que la imagen me hizo poner un poco nervioso, temeroso y tenso; era mi segunda vez y la primera con miembros tan grandes. Me quedé quieto, a la espera de su penetración.

—No te muevas más, Cristian, y dejá que Germán maneje

la situación hasta que pueda meterme su pija, si es que antes no me muero en el intento —dije.

Los dos sonrieron por mi comentario. Germán se sostenía con una mano apoyada sobre mi hombro y con la otra, guiaba su pija hacia mi culo. Sentí que comenzaba a presionar.

—Recostate un poco más sobre Cristian, así me dejas el culito un poco más levantado —indicó Germán.

Seguí sus instrucciones, teniendo cuidado de que no se me saliera la pija de Cristian.

Saber que Germán lo había hecho como pasivo y como activo me daba cierta tranquilidad, porque sabría cómo manejarse y, fundamentalmente, sabría detenerse en caso de que me doliera.

Traté de relajarme al máximo y me abrasé a Cristian, dejando mi cara apoyada sobre su pecho velludo y sentí que Germán comenzó nuevamente a presionar. Su miembro estaba duro como mármol, lo que facilitó que su glande me penetrara.

—Uy, por favor… me metieron un brazo —exclamé.

Germán, rápidamente me la sacó.

—¿Estás bien? —preguntó.

—Uf, imagino que sí, muy grandes… Poneme más lubricante e intentémoslo nuevamente —dije.

Elevé un poco mi culo, haciendo que la pija de Cristian saliera.

—Uy, *man*, no sabés lo dilatado que tenés el ojete —comentó Germán, mientras que lo llenaba de lubricante y volvía a embadurnar su pija y la de Cristian.

Cristian permanecía callado y atento a nuestra conversación.

—Cuando quieras —dijo Germán.

Posicioné nuevamente mi culo; Germán agarró con una mano la pija de Cristian y la guió hacia mi ano; bajé y se me enterró entera de un solo intento. Germán apoyó la suya y comenzó a presionar, logrando que su glande nuevamente entrara; me aferré a Cristian. Ejerciendo un poco más de presión, Germán hizo que su tronco entero me invadiera.

—¡Papitos! —grité.

—¿Se siente lindo? —preguntó Germán.

—Divino —respondí con voz entrecortada.

Nunca había tenido cosas tan grandes en mi orto y lo estaba comenzando a disfrutar mal. Germán comenzó a imprimirle ritmo y Cristian hizo lo propio. Yo no podía hacer nada, no podía moverme; estaba entregado a que me sodomizaran y a que hicieran conmigo lo que quisieran... Nunca me había sentido tan dominado, sometido y entregado; nunca había gemido de la manera en la que lo hice en ese momento.

—Cómo gozás, putito, te estás comiendo dos pijas juntas por el orto y lo estás disfrutando como una perra —dijo Cristian.

Sus palabras no hicieron más que exacerbar mi calentura; sentí que no tenía más control y que comenzaba a venirme.

La fricción de mi pija sobre la panza de Cristian y sus pijas dándome parejo por el orto, hicieron que comenzara a largar leche, acompañado de una serie de gemidos descontrolados.

Mi propio descontrol, sumado a la fricción de sus dos pijas, una contra la otra, apretadas por mi ano, provocó que rápidamente también perdieran el control y, casi simultáneamente, dijeron que se venían.

—Las quiero en mi boca —dije.

Germán sacó su pija de mi ano; me incorporé y me dejé caer de espaldas, sintiendo cierto alivio al haber liberado mi orto de esos caños. Ambos se quitaron los forros; acercaron sus porongas a mi cara, una de cada lado y, con exclamaciones de placer, comenzaron a largar semen, dejando mi rostro completamente pintado de blanco.

Saqué mi lengua para que depositaran en ella su néctar. Comenzaron a recolectar con sus dedos el semen depositado en mi rostro y fueron llevándolo hacia mi boca, observándome con caras de depravados. Tragué todo lo que me ofrecieron, chupando sus dedos uno a uno.

Agarré sus caños y comencé a masturbarlos con la boca, sacándoles el jugo residual, sintiendo los espasmos de sus

cuerpos, producto de la sensibilidad que tenían en sus glandes, debido al tremendo bombeo que me habían pegado y a la mamada que les estaba haciendo. Fue un momento de descontrol, en el que se esfumó el resto del mundo... Lo único que importaba eran estos dos machos hermosos y toda su leche vertida encima mío...

Germán comenzó a lamerle la panza a Cristian, tragándose

toda la leche que yo había dejado depositada allí. Sorpresivamente, Cristian recolectó con sus dedos gotas de semen que aún recorrían mi cara y las llevó hacia su boca.

Me arrodillé y empujé la cabeza de Cristian, casi obligándolo a que se tragara mi pija. Se prendió y comenzó a succionarla, sacándome las últimas gotas de semen que aún quedaban en mi uretra... Terminamos el primer round comiéndonos las bocas, que aún permanecían repletas de semen.

Estaba viviendo uno de los momentos más morbosos de mi vida. Espectacular ver los hilos de semen uniendo nuestros labios. Permanecimos un buen rato tirados boca arriba, suspirando y tratando de reponernos de tremendo y morboso garche.

—Huf, tremendo y placentero garche que me han pegado —dije.

—No sé, *man,* cómo te bancaste dos pijas en el orto; yo apenas me animé a que me garches el otro día, y sentí como si me hubieses metido un brazo, y vos gozando con dos pijas juntas —dijo Cristian.

—Me encantó cojerte así, papi —dijo Germán, que agregó— ahora quiero intentarlo yo.

La conversación que manteníamos, cruzando besos, uno con otro y toqueteándonos, hizo que rápidamente tuviésemos las pijas duras nuevamente.

—Bueno, vamos a darle el gusto a Germán y hagámosle una doble —dije, dirigiéndome a Cristian.

—Cojeme vos primero, así se me dilata de a poco —dijo

Germán.

Le pedí que se pusiera en cuatro, le comí un rato el orto, se lo lubriqué bien, me calcé un preservativo y, sin mucho preámbulo, comencé a apretar mi glande contra su ano.

—Pará, pará, despacito… dame tiempo —dijo Germán.

Comencé a jugar con mi glande alrededor de su ano, sintiendo cómo lo contraía y lo relajaba. Cada relajación permitía que mi glande comenzara a penetrarlo más y más. Lentamente, se le fue enterrando, hasta que, con un último movimiento de pelvis, mis bolas chocaron contra sus nalgas. Lanzó un gemido y apretó sus puños contra las sábanas. Permanecí quieto por un momento, con mi caño enterrándoselo hasta el fondo y luego, lentamente, comencé a moverlo.

Germán, que claramente disfrutaba sin prejuicios del sexo, comenzó a gritar:

—Sí, sí, dame pija, bestia, dame pija.

—Bajá la voz, boludo, que van a escuchar los vecinos —dije, sabiendo que, en medio de la calentura, era muy difícil controlarse.

Cristian permaneció tirado, observando cómo me cojía a su compañero, mientras sobaba su propia chota con la mano.

Continué cojiendo el redondo y hermoso culo velludo y rubión de Germán, incrementando cada vez más el ritmo del bombeo, intercalando embestidas bien profundas con otras en las que dejaba prácticamente el glande afuera, haciéndolo desear. Germán movía su orto buscando ser penetrado nuevamente, deseoso de que le enterrase mi pija hasta la garganta.

Observé que Cristian comenzaba a incorporarse; colocó un preservativo en su pene y, sin preguntar, se ubicó detrás de mí. Apoyó una mano sobre mi hombro; con la otra guió su pene hacia mi ano y me penetró sin prisa, pero sin pausa. Me dejé caer hacia adelante, haciendo que mi miembro quedase completamente enterrado dentro de Germán y sintiendo como la pija de Cristian continuaba deslizándose dentro de mí, hasta hacer tope con las bolas. Los tres giramos nuestras cabezas y nos miramos en el espejo lateral de la cama. Germán arrodillado, con sus antebrazos apoyados sobre la cama, dejando su culo parado, con mi pija enterrada hasta el fondo; yo arrodillado detrás de él y Cristian detrás de mí, enterrándome hasta las pelotas su enorme miembro.

Permanecimos por un momento quietos y lentamente comenzamos a encontrar el ritmo del trencito para bombearnos simultáneamente.

Saqué mi chota del orto de Germán y dije:

Dale, ahora probá el misil de Cristian y sacate las ganas, recordando cuando lo veías en el vestuario del laburo y se te hacía agua la boca.

Cristian sacó su caño de mi orto, se puso un preservativo y lo embadurnó con lubricante.

—Toda tuya, polaquito, tanto vestuario, tanto comentario ambiguo; acá estamos, te voy a romper el ojete —dijo Cristian.

—Acostate boca arriba —indicó Germán.

Cristian obedeció y Germán, rápidamente, se puso de cuclillas frente a él y comenzó a bajar. Me detuve a observar su cara, que la tenía colorada, con las venas de las sienes hinchadas, los músculos del cuello tensos, los ojos cerrados y gotas de sudor que se deslizaban por sus patillas.

La expresión que dibujaba su rostro me hizo suponer que ya debería tener parte del glande adentro. Largó aire por la boca y el turro de Cristian, hizo lo mismo que había hecho en el primer encuentro conmigo, le puso una mano en el hombro, empujándolo hacia abajo; con la otra, lo tomó de la cintura y elevó su pelvis, haciendo que esa hermosa boa lo perforara.

Germán, aunque tenía el ano dilatado por mi empomada previa, dibujó en su rostro un gesto de dolor. Para ayudar a que se relajase, comencé a besarlo y a mamarle la chota, que la tenía dura como un tronco. Cristian se lo garchó un buen rato en esa posición; yo permanecí mirando desde atrás, observando cómo ese palo se perdía dentro de Germán, para luego volver a salir.

Realmente, impresionaba el tamaño de ese pene y hasta me asombraba el haber disfrutado tanto teniéndolo dentro de mí, junto al de Germán.

Cristian parecía estar entendiendo rápidamente de qué se trataba el goce de estar cojiendo con otros hombres y comenzaba a participar de manera activa.

Retiró su miembro del ano de Germán, lo hizo quedar recostado boca arriba, elevó sus piernas y lo penetró de frente. Germán mantenía las palmas de sus manos apoyadas en el pecho de Cristian, intentando ponerle límite a la profundidad de sus embestidas. Me senté en un sillón lateral para observar cómo garchaban y con mi miembro absolutamente erecto. Fue como presenciar la filmación de una película porno, en la que los protagonistas eran dos actores deliciosos.

180

Germán estaba totalmente entregado a la pija de Cristian y, claramente, la estaba disfrutando.

—Turro, cuántas veces imaginé esto mientras que te veía desnudo en el vestuario con ese caño colgando y ahora estás dentro de mí, taladrándome a full y sodomizándome a tu antojo —dijo Germán.

—Yo también me sentí atraído por vos, pero nunca me había animado a cruzar la línea, hasta que me agarró este turro —respondió Cristian, mirándome a mí.

Cristian apoyó su pecho sobre el de Germán y comenzaron a besarse. La imagen de las piernas peludas y rubias de Germán abrazando la cintura de Cristian y este, inclinado sobre el pecho de Germán, viendo los pelos rubios y morochos de sus pectorales fundiéndose, me hizo enloquecer.

Germán tomó la nuca de Cristian para atraer su cara hacia

su boca; sus labios se tocaron y sus lenguas comenzaron a entrelazarse. Germán mordía la lengua, las orejas y el cuello de Cristian; le chupó toda la cara, como si hubiese estado cubierta por chocolate.

—Qué lindo, qué lindo, garchame, animal, garchame; quiero pija, quiero más pija —dijo Germán descontrolado.

Cristian no paraba de taladrarle el orto.

Me calentó tanto la escena, que me fui directo por detrás de Cristian, abrí bien sus nalgas y hundí mi cabeza entre ellas, para comenzar a trabajarle el orto con la lengua. Se lo llené de lubricante y comencé a jugar con mis dedos, adentro y afuera, y mordí sus glúteos redondos como manzanas, firmes y peludos.

Cristian comenzó a mover el culo; estaba tan entregado en darle placer a Germán, que no intentó poner freno a mi penetración y de una sola embestida, logré enterrársela completa.

—Uy, boludo, pará, me mataste —gritó Cristian.

Pero ya era tarde; se la había enterrado hasta la garganta. Permanecí quieto, permitiéndole que se acostumbrase y dejando que el dolor fuese cediendo.

—Uy, boludo, se te puso la pija como una estaca —dijo Germán.

—Sí, boludo, este turro me chupó el orto y después me penetró de una; está masajeando mi próstata con su chota y siento que la mía, en cualquier momento, va a estallar —contestó Cristian.

Era el primer trencito de Cristian en el que le había tocado quedar en el medio, penetrando y siendo penetrado.

Buscamos el ritmo de la penetración; cuando Cristian iba hacia atrás para retirar la pija del orto de Germán, yo iba hacia adelante para clavársela hasta la garganta.

—Tenías razón, _man_, lo que me contaste en el telo es tal cual, increíble la sensación de estar garchándote a un macho, mientras que otro te está garchando a vos; dame pija, papu, dame pija y duro —dijo Cristian, que giró su cabeza y comenzó a comerme la boca.

Permanecimos así por largo rato, hasta que Germán dijo:

—Quiero más pija, quiero probar las dos.

Decidí manejar la situación y elegí la posición, pensando

182

en la que a mí me daría mucho más morbo. Le pedí a Cristian que apoyase una almohada en el respaldo de la cama, para quedar a 45° y que se recostara boca arriba. Le indiqué a Germán que se sentara sobre Cristian, pero esta vez, dándole la espalda.

De esta manera, quedarían ambos enfrentados a mí; un manto de vellos oscuros por debajo y encima, otro manto de pelos rubios, quedando visible el tremendo caño de Cristian, que se enterraría en el blanco ojete de Germán.

Cristian se recostó, Germán se posicionó de cuclillas y comenzó a descender. Yo, arrodillado frente a ellos, veía cómo la poronga de Cristian desaparecía entre las nalgas de Germán.

—Me entró hasta la garganta —dijo Germán, que mantenía sus manos apoyadas en la cama, intentando no bajar más.

Dejé trascurrir un rato, permitiendo que se acomodara bien y contemplando a estos dos lomos peludos que tenía frente a mí.

Le pedí a Cristian que elevase un poco el culo para ponerle un almohadón por debajo de él; me calcé un forro y le indiqué a Germán que se relajase y que apoyase la espalda sobre el pecho de Cristian para dejar su ojete más horizontal.

Acerqué mi cara a la suya y comencé a besarlo. Pude percibir su respiración agitada y susurré a su oído:

—¿Querés mi pija?

—Seeee, despacito, seee —respondió Germán.

Fui con mi boca hacia su miembro, que estaba durísimo y estimulado por la pija de Cristian, que masajeaba su próstata;

bajé por su escroto y mi lengua comenzó a jugar con el perímetro de su culo y con el tronco de Cristian, a quien le pegué una buena mamada de bolas. Me arrodillé frente a ellos, junté las piernas de Cristian hacia el centro para poder apoyar mis rodillas por fuera, levanté las piernas de Germán y las apoyé sobre mis hombros; comencé a besar sus pies, sus pantorrillas y apoyé mi glande en la entrada del orto.

Viendo el grosor de la pija de Cristian llenando ese agujero, no se me ocurría cómo podría entrar la mía simultáneamente, aunque en mi culo habían entrado las dos, así que, ¿por qué no lo harían en el de Germán?

Comencé a presionar, y observé un gesto de dolor en su cara, que estaba roja y que parecía a punto de explotar. Continué presionando y sentí que mi pija comenzaba a deslizarse dentro de él. Germán comenzó a gruñir, conteniendo un grito producido por la extraña mezcla de dolor y de gozo.

—Por Dios, es más de lo que jamás tuve adentro —dijo Germán, entrecortado y agitado.

Lo cojímos así por un buen rato; por momentos, yo acercaba mi cara a la de ellos, besándolos a ambos.

—Me están matando —repetía cíclicamente Germán.

No aguanté más, por lo que saqué mi pija de su ano. Germán me miró, humedeció sus labios con la lengua y me hizo un gesto, que interpreté perfectamente. La acerqué a su boca y en cuanto comenzó a mamarla, eyaculé, emitiendo un grito de placer. Cristian continuaba bombeándole el orto sin piedad, elevando y bajando rápidamente su pelvis para penetrarlo salvajemente.

Acerqué mi boca a la de Germán, que morbosamente escupió en mi cara lo que me había mamado; luego comenzó a lamérmela y a besarme. Nos comimos las bocas un buen rato, pasando semen de un lado al otro.

—Me vengo —dijo Germán.

Fui con mi boca directo hacia su pija y dejé que me la llenase de leche. Subí y le devolví el gesto, escupiendo en su cara su propio esperma, que luego lamí, sintiendo la barba lijosa que raspaba mi lengua y el delicioso sabor a semen que se mezclaba con nuestras salivas.

Cristian anunció que se venía, por lo que Germán se incorporó. Cristian se quitó el forro y, junto a Germán, nos prendimos de su mástil, que, rápidamente, comenzó a llenarnos la cara de espesa y abundante leche.

Continuamos con la felación, hasta sacar la última gota y luego, nos dirigimos hacia su boca, donde dejamos depositado.

todo el semen. Germán volvió a la pija de Cristian y comenzó a mamársela nuevamente; yo permanecí jugando con su boca, intercambiando todos los fluidos que aún teníamos adentro.

—Miren cómo estoy —dijo sorpresivamente Germán, señalándonos su miembro.

El animal continuaba con la pija dura.

—Cristian, es el momento de completar mi sueño; quiero garcharte —dijo Germán.

—No, disculpame, pero no doy más, *man* —respondió Cristian.

—Cristian, nobleza obliga, dale el gusto y entregá; de lo contrario, vamos a tener que violarte —dije bromeando.

Cristian no dijo nada. Agarré otro forro y lo coloqué en el pene de Germán, quien levantó las patas de Cristian, las apoyó sobre sus hombros y, sin previa, se sumergió dentro de él. Cristian cerró los ojos y quedó entregado al sometimiento, bajando sus piernas y abrazando con ellas la cintura de Germán. Mi miembro se erectó nuevamente y, sin demoras, me ubiqué por detrás de Germán y se la enterré fácilmente. Luego de la doble penetración, su ano estaba increíblemente dilatado.

Permanecimos así por poco tiempo; elegí sentarme nuevamente en el sillón para observar la escena, solo que, esta vez, las piernas peludas y morochas de Cristian abrazaban la cintura de Germán y este le daba pija como si fuese la primera ronda, con una energía envidiable.

Me acerqué y comencé a besarlos alternadamente y a recorrerles con mis manos sus cuerpos; quería disfrutarlos hasta el último momento.

Tuve el morbo de ver a Cristian siendo sometido y en una actitud sumamente pasiva, por lo que les pedí que modificasen la posición, para que Germán lo empernase por detrás, en posición de perrito.

Cristian se arrodilló en el borde de la cama, no muy convencido; Germán se paró en el piso, apoyó ambas manos en la cadera de Cristian y lo embistió por detrás. La cara de Cristian quedó hundida en la cama y emitió un gemido de dolor.

Permanecí a los pies de la cama, para poder observar la escena de costado.

—Sí, macho, cómetela entera. Mirá cómo te estoy dando pija, disfruta de mi pija, querido, cómetela toda, tanto vestuario deseando este momento… —decía Germán, como en estado de trance.

Sorpresivamente, se la sacó, lo empujó hacia el costado, haciendo que quedase nuevamente de espaldas. Sin darle tiempo a que Cristian hiciera ni dijese nada, elevó sus piernas y lo empernó nuevamente por delante.

Cristian dibujó otro gesto de dolor cuando las bolas de Germán hicieron tope contra su ano. Tras dos o tres embestidas, Cristian comenzó a tocar su chota y, nuevamente, su glande escupió chorros de semen, que quedaron depositados sobre su panza. Me acerqué inmediatamente y comencé a limpiarla con mi lengua. Germán dejó de someterlo y acercó su pene a la boca de Cristian, que, sin pensarlo, comenzó a comérselo.

Se escuchó un gemido ahogado de Germán, que delataba su eyaculación; por la comisura de los labios de Cristian, comenzaba a asomar un hilo blanco que se deslizaba hacia su barbilla.

—Gracias, gracias; un sueño hecho realidad —decía Germán.

Comenzamos a besarnos y a intercambiar el semen depositado en nuestras lenguas. Sentí que me venía, aunque ya no sabía si era semen o agua lo que salía.

—La próxima, te hacemos la doble a vos —dije, dirigiéndome a Cristian.

—Ni en pedo, ni lo sueñes —contestó.

Los tres reímos y, luego de un momento que tomamos para reponernos, los invité a que se fuesen a duchar.

Ambos tomaron una ducha rápida, se vistieron y los acompañé hasta la puerta de calle. Le pedí a Germán que agendara mi celular y que me pasara su número.

—Estoy el resto de la semana solo, así que, si quieren repetir trío, o uno a uno, o quizá, si se animan, podría llamar a algún amigo casado para fiesta de cuatro; yo, durante el día, puedo... Solo es cuestión de combinar —dije.

—Uy, *man*, no tenés límites —dijo Cristian.

—Lo de la fiestita entre cuatro casados podría ser más que interesante —comentó Germán.

Nos despedimos, subí, tomé una extensa ducha, me tiré en la cama y me quedé dormido.

Capítulo XII
La historia continúa

Luego de desmayarme, ya que, tras el mediodía de sexo irracional que habíamos mantenido con estas dos bestias, más que dormirme, me desmayé, me despertó un mensaje entrante de Germán, en el que me decía que lo había pasado de la hostia y en el que me preguntaba si me podía llamar. Le contesté que sí.

Inmediatamente sonó mi celular.

—¿Qué hacés, pibe? —contesté.

—Hola, Gonzalo… ¿Recuperado? —preguntó.

—Uff… realmente, hicimos algo bastante salvaje y me pareció que pintó mucha piel entre nosotros, ¿no? —dije.

—Sí, en verdad, es por eso que te llamo; hacía tiempo que tenía la fantasía de poder garchar con Cristian y sí que lo disfruté, pero, sinceramente, me sucedió algo muy particular con vos, sentí una conexión muy especial —dijo.

—Bueno, fue mutuo —respondí.

—Mirá, más allá del machazo lindo que es Cristian, del terrible pijón que porta y con quien volvería a cojer en cuanto se dé la oportunidad, sentí una piel y una conexión muy especial con vos, esa química tan particular que va más allá de lo sexual; esas cosas que asustan, porque pueden llegar a involucrar sentimientos. En un par de ocasiones, me sucedió con dos flacos y quedé psicológicamente tambaleando —agregué.

—Sé de lo que hablás, a mí también me ha sucedido y es complicado… bueno, solo te lo quería contar —contestó Germán.

—Ok, si te parece, dejemos que trascurran unos días para acomodar las ideas y para enfriarnos de tanta calentura, ¿te parece? —dije.

—Dale, me parece bien, nos mantenemos en contacto —contestó Germán.

Colgamos y permanecí un buen rato pensando en él, recordando su rostro, su cuerpo peludo y el contacto entre ambos; cuando lo penetré, cuando me penetró, cuando ambos fuimos penetrados por Cristian y cuando ambos lo penetramos a él.

Transcurrió un mes de calma, sin que nos contactáramos. En varias oportunidades, tuve la tentación de hacerlo, pero decidí que no sería oportuno y, para cumplir con lo pactado, me mantuve firme. Finalmente, recibí un mensaje de texto suyo, preguntándome si podíamos hablar. Le pedí que me llamase luego del mediodía, que estaría solo en casa.

Terminé de almorzar y sonó el celular.

Mantuvimos la típica conversación de cortesía y, sin anestesia, dijo:

—Quiero verte.

Sus palabras me movilizaron hasta los pelos, porque me sonó más a frase de amante que a la de un macho que solo busca garchar; en verdad, me había agarrado desprevenido.

Dejá que me organice, ¿vos cuándo podés? —pregunté, haciendo tiempo para pensar.

—Tengo franco jueves y viernes; mi mujer viajó con los nenes a visitar a mi suegra que vive en la costa, así que estoy libre; hagamos una cosa, fíjate si podés y me llamás, ¿dale? —dijo Germán.

—Dale —respondí.

Mi jermu nuevamente había viajado por laburo; era algo que hacía permanentemente, y mi hijo se había ido de viaje con el colegio, por lo que estaba nuevamente solo en casa. Me quedé pensando en que Germán no había mencionado a Cristian, ni había hecho comentario alguno sobre mi propuesta de armar fiesta de cuatro. Luego de meditarlo, decidí jugarme.

Llamé a Germán y le comenté la situación.

—¿Tu idea es que nos veamos solos o querés decirle a Cristian y que invité a algún otro amigote? —pregunté.

—Todo bien con Cristian, pero me gustaría que nos veamos los dos solos; quizá, en otra ocasión podamos repetir el trío o intentamos concretar tu propuesta —respondió Germán.

—Hagamos una cosa, venite mañana, te invito a cenar —dije.

—Entonces, ¿voy mañana a la noche? —preguntó.

—Venite cuando quieras; en verdad, mejor no te vengas y resérvate para mañana; fuera de joda, yo voy a estar laburando en casa, así que, vení cuando tengas ganas —dije.

—Ok, nos vemos mañana, abrazo —se despidió Germán.

—Te espero —dije.

Colgamos y me quedé pensando en que me hubiese gustado

fijar un horario, porque sabía que pasaría toda la tarde del día siguiente pendiente del reloj y muy ansioso, esperando que sonara el portero. Me concentré en el trabajo, sabiendo

que, a partir de la tarde del día siguiente, mis tiempos serían inciertos y todo dependería de cómo fuesen dándose las cosas con Germán.

Cerca de las tres, Germán me envió otro mensaje diciéndome que a partir de las cuatro quedaría libre y me proponía que fuésemos juntos a correr por el río. Le dije que me parecía una propuesta estupenda y que lo esperaría listo. Aparentemente, nuestro encuentro se adelantaría un día.

A las 16:30 sonó el portero y bajé a abrir. Estaba vestido con un *jean* que marcaba su hermoso ojete redondo y una camisa con los botones superiores desabrochados. Abrí la puerta y Germán dibujó una sonrisa que me derritió el orto. Nos saludamos con un abrazo y con un beso en la mejilla y subimos.

Ciertamente, me sentía como un adolescente, porque estaba algo nervioso. Me resultaba muy loco, porque después de la cojída tremenda que nos habíamos pegado mes atrás, mi nerviosismo no tenía mucha explicación, pero, evidentemente, se estaba dando una situación muy por fuera de lo común.

Entramos al departamento y lo invité a dejar el bolso en la habitación. Yo ya estaba vestido para irnos y Germán se tenía que cambiar. Se quitó la camisa y, al verlo en *jean*, con su lomo peludo marcado, no pude resistirme a la tentación; me acerqué y le comí tiernamente la boca.

—Qué rico canapé —dijo.

Te espero en la cocina, boludo; terminá de cambiarte, porque si me quedo acá, nos vamos a terminar corriendo, pero de otra manera… —dije.

Germán rió y yo salí de la habitación.

Me fui a la cocina para preparar unas botellas con agua y, sin que me diera cuenta, me abrazó por detrás, apoyando su bulto en mi culo.

—Te voy a hacer el amor hasta desmayarnos —dijo, con su boca pegada a mi oído.

Hijo de puta… Sus palabras me encendieron. Giré y nos comimos las bocas salvajemente; lo alejé de mí y lo miré de arriba abajo… Tenía puestas unas lindas zapatillas de _running_, medias sin caña, calzas con _short_ suelto, remera _Dry Fit_ que le marcaba el lomo y que dejaba ver sus brazos peludos. Desde el primer día, supe que me recordaba a alguien, pero no sacaba a quién… en ese momento me di cuenta. Germán era un tipo parecido a un famoso futbolista, aunque algo más morrudo y completamente velludo; una cara alejada de lo convencionalmente _"lindo"_, pero de esas que a mí me gustan, aspecto bien de macho, nada perfecto para la mayoría, pero para mí, _"el macho ideal"_.

—Dale, vamos, que nos queda el resto de la tarde y toda la noche… Va, si te querés quedar, porque, en verdad, la invitación era para mañana —dije.

—Vemos, vemos —respondió, como quitándole importancia a mi comentario, cuando en verdad, los dos sabíamos que eso es lo que sucedería.

Nos fuimos al río, elongamos un rato y comenzamos a trotar,

mientras charlábamos entre gestos y comentarios cómplices al cruzarnos con otros flacos que también estaban corriendo. Increíblemente, nos cruzamos con Martín, con quien nos saludamos sin detenernos.

—¿Quién es esa bestia? —preguntó Germán.

Mientras corríamos, le conté la historia sobre cómo lo había conocido y cómo lo había desvirgado.

—Pero vos sos un hijo de puta, *man*… Me tenés que dar la fórmula; ¿cómo hiciste para llevarte a la cama a esa bestia y después a Cristian? —preguntó Germán.

Yo pensé: *"Y no tenés idea sobre el desvirgue de Diego en mi viaje al sur"*.

—Sabés que, justamente, este flaco, Martín, es a quien pensaba llamar para proponerle la fiestita. Los cuatro tenemos físicos parecidos, los cuatro somos peludos, creo que lo pasaríamos espectacular; encima, tiene una chota divina —dije.

—Uy, boludo, me vas a hacer explotar la calza y el *short*, mejor no me cuentes más nada —dijo Germán.

Terminamos de trotar y comenzamos nuevamente a elongar. Veía sus patas musculosas y peludas, sus músculos bien tensos y marcados por la elongación, con el sudor cayéndole por la cara y pensaba: *"Qué bombón me comí y qué bombón me voy a comer nuevamente…"*

Subimos al auto y regresamos al departamento. Estacioné en la cochera y subimos en el ascensor, donde a modo de juego, comencé a manosear su bulto. Ingresamos al departamento.

—Sentite como en tu casa —dije.

—Ok, gracias, entonces me voy directo a duchar, pero necesito que me enjabones la espalda —respondió.

Fuimos juntos hacia el baño y quedamos parados pecho a pecho, sintiendo nuestros cuerpos calientes y empapados en sudor. Le saqué la remera y comencé a lamer su pecho peludo, por el que aún se le deslizaban gotas de sudor. Lo abracé y comenzamos a acariciarnos, mirándonos a los ojos, con nuestras narices pegadas, sintiendo nuestras respiraciones y sin decir una palabra. Germán tomó la cintura de mi remera y elevé mis brazos para que pudiese sacármela; mientras que lo hacía, comenzó a morder mis tetillas y a chupármelas… Subió y besó tiernamente mi boca. Nos quitamos los *shorts*, las calzas, las medias y las zapatillas, para luego meternos juntos bajo el agua templada. Continuamos tocándonos y besándonos, sin decir palabra alguna… La química que habíamos notado en nuestro primer encuentro estaba comenzando a fluir y parecía como si nos hubiésemos conocido de toda la vida.

Enjabonamos nuestros cuerpos, uno al otro, sintiendo el roce de nuestras pijas erectas. No lo habíamos hablado, pero, evidentemente, estaba implícito que esta vez no existiría sexo salvaje, al menos, no inicialmente, sino que, tal cual me había susurrado al oído Germán en la cocina, haríamos el amor.

Luego de enjuagarnos, tomé su mano y dije:

—¿Vamos?

Le alcancé un toallón y una bata blanca; Germán se la puso. Permanecí mirándolo y haciendo gestos, porque no podía creer lo bueno que estaba este tipo… Me miró y sonrió.

—¿Qué pasa? —preguntó.

—No pasa nada, solo que me gustas mucho y hace mal lo bueno que estás —contesté.

Se acercó, me besó y dijo:

—Vos también me gustas mucho; vamos a amarnos toda la noche.

Pensé que me estallaba la chota en ese preciso momento.

Nos fuimos a mi cuarto y nos tiramos en la cama. Comenzamos a besarnos y a acariciarnos, mientras que, lentamente, nos despojábamos de nuestras batas.

Germán se sentó y quedó reclinado sobre el respaldo de la cama; sin mediar palabra, me senté sobre él, nos abrazamos y pude percibir que ambos estábamos temblando. Continuamos comiéndonos las bocas y tuve la primitiva necesidad de tenerlo dentro de mí. Tomé el frasco de gel de la mesita y una caja de preservativos; dejé caer gel sobre su mano para que comenzara a jugar con mi ano, cosa que hizo maravillosamente bien. No había mucho que trabajar, ya que este flaco me tenía embrujado, lo que provocaría que la dilatación fuese mucho más fácil.

Agarré un preservativo y comencé a abrirlo.

—Pa, escuchame… los dos estamos sanos, somos responsables, tenemos familia —dijo Germán, mirándome a los ojos.

Entendí perfectamente el mensaje; dejé el preservativo sobre la mesa y me posicioné para que Germán me penetrara a pelo. Sentí la cabeza de su chota apoyada en mi ano, que latía, pidiendo desesperadamente por ser penetrado.

Germán levantó la ingle y lentamente comenzó a deslizarse dentro de mí, mientras yo lo abrazaba sin poder controlar el temblor que me estaba produciendo esta situación. Me penetró muy lentamente, muy gentilmente; fue hermoso sentir como su miembro comenzaba a llenarme, sin que yo experimentara molestia alguna.

Continuamos abrazándonos fuertemente.

—Esto es maravilloso, estoy sintiendo como temblás —dijo Germán.

Yo no podía articular palabra; estaba entregado al placer irracional que estaba experimentando. Comencé a moverme, a subir y bajar para sentir como Germán se deslizaba dentro de mí con cada movimiento. Mi pija estaba apretada contra su panza y cada movimiento era una masturbación. Debemos haber permanecido así por unos treinta minutos, penetrándome dulcemente. Noté que Germán comenzó a acelerar el ritmo con su pelvis.

—Te voy a llenar —dijo.

—Sí, lindo, llename.

Automáticamente y fuera de control, sentí que mi pija comenzaba a largar leche sobre su panza y comencé a gemir, lo que rápidamente descontroló a Germán. Sentí los latidos de su pija dentro de mí y sus gemidos ahogados; apreté el esfínter para atrapar firmemente su miembro, me abrazó fuertemente y noté que él también comenzaba a temblar, mientras que descargaba todo su semen dentro de mí. Hubiese querido que ese momento durara para siempre.

Me dejé caer a su lado y percibí que un hilo de semen

comenzaba a deslizarse por fuera de mi ano. Germán elevó mis piernas y comenzó a lamérmelo, recolectando con su lengua su propio esperma; subió hacia mi boca para depositarlo sobre mi lengua y comenzamos un juego de intercambio de fluidos, que pasaban de una boca hacia la otra.

Lo empujé, dejándolo boca arriba, e hice lo mismo con su panza, donde mi semen se enredaba entre sus pelos. Recolecté lo que pude y lo besé nuevamente, bajé hacia su miembro y comencé a mamárselo, dándome cuenta de que aún quedaban gotas por salir. Continuamos un buen rato tirados, besándonos y acariciándonos.

Le propuse darnos una ducha rápida y luego pedir comida para cenar. Nos metimos en las duchas (tengo una ducha al lado de la otra) y nos higienizamos rápidamente. Nos quedamos en bata y fuimos al *living*, pedimos comida y permanecimos escuchando música, tirados en el mismo sillón, uno recostado sobre el otro, entrelazando nuestras manos de machos, hasta que llegó el *delivery*. Me puse un *short*, remera y zapatillas para bajar.

Nos sentamos y comenzamos a cenar, mientras conversábamos, sin dejar de mirarnos a los ojos. Germán llevaba el tenedor hacia su boca y, mirándome fijo, pasaba la lengua por sus labios, sonriendo pícaramente. Sin dudas, este tipo me estaba hechizando. Estaba viviendo una situación sumamente extraña; en mi propia casa, compartiendo la cena con un tipo que estaba en bata, sentado frente a mí.

Preparé café y agarré una botella de espumante.

—Bancá un minuto —dijo Germán.

Se incorporó, fue hasta la habitación y, al regresar, dejó sobre la mesa dos pastillas azules; me miró y comenzó a sonreír. Hasta el momento, jamás había tenido la necesidad de tomar nada que me ayudase a levantar mi mástil y, ciertamente, me daba un poco de miedo hacerlo y se lo dije.

—No pasa nada, pa, me las recetó mi médico —dijo.

Puso las dos pastillas dentro de su boca, me besó y deslizó con su lengua una dentro de la mía, sin parar de besarme y sin dejarme otra posibilidad más que la de tragarla.

—Bueno, hay que probar de todo, ¿no? —dije.

Serví café y, luego de dos copas de espumante, lentamente, comencé a sentir los efectos de la pastilla. Mi caño comenzó a ponerse duro, como si hubiesen pasado tres meses sin que la metiera. Vi que la poronga de Germán estaba empujando contra su bata, señal inequívoca de que a él también le estaba haciendo efecto. Tomó mi mano y me llevó hacia la habitación, me empujó sobre la cama, donde quedé sentado, con mi espalda apoyada contra el respaldo; misma posición en la que había estado él antes.

—Sos hermoso, te deseo —dijo.

Se embadurnó el orto con gel y, sin mucha vuelta, se sentó sobre mi pija, que en ese momento parecía una botella. Sentí el calor de su cuerpo y percibí cómo su ano se lo tragaba lentamente.

—Uf, sí, sí, hasta las pelotas, como me gusta este caño en mi orto —dijo.

Comenzó a subir y a bajar a buen ritmo, mientras me besaba, me abrazaba, me mordía las orejas, el cuello, los labios y susurraba cosas en mi oído.

—Te dije que íbamos a hacernos el amor; haceme el amor, cojeme, garchame, dame leche —decía.

Sentía como su ano latía y como lo apretaba fuertemente para atrapar con firmeza mi pija, luego lo distendía para dejarse caer y enterrársela hasta el fondo. Lo empujé hacia atrás, dejándolo de espaldas, tomé sus piernas, hice que con ellas rodease mi cintura y comencé a garcharlo en esa posición. Germán extendió ambos brazos hacia atrás, agarrando los extremos de la almohada y pidiéndome pija desesperadamente.

Le di pija para que se entretuviese y, no pudiendo aguantar mucho más, descargué mi esperma dentro de él. Rápidamente, Germán eyaculó, dejando su panza cubierta de semen, que comencé a lamer, sin sacar mi pija de su orto. Nos besamos e intercambiamos nuevamente crema. Estaba atravesando una experiencia y una sensación nueva; notaba que, a pesar de haber eyaculado, mi pene no bajaba y que se mantenía duro como roca, por lo que continué bombeándole el orto. Germán puso la almohada sobre su cara y comenzó a gritar.

—Seee, bestia, cojeme, desarmame el orto, amo tu pija, dame más, metete entero dentro de mí —decía descontroladamente.

Me produjo tanto morbo todo lo que me decía, que sentí nuevamente una especie de orgasmo, aunque ya no sabía si me quedaba leche por salir. Me dejé caer sobre él, me abrazó, me comió la boca y, mirándome a los ojos, dijo:

—Creo que me enamoré...

Me dejó duro; no supe qué decir y lo peor es que me estaba

pasando algo muy fuerte con este flaco. Me dejé caer a su lado y me puse de costado; sentí que Germán se acomodaba detrás de mí, abrazándome, y así nos quedamos dormidos.

Desperté a las cinco de la mañana, con la sensación de estar siendo penetrada. Habíamos quedado dormidos en posición cucharita, con su pecho apoyado sobre mi espalda y mientras

que yo dormía, había posicionado su pelvis para poder penetrarme y lo estaba haciendo. Permanecí inmóvil, sintiendo su miembro entrando y saliendo de mi ano. Germán me estaba abrazando y hacía mimos en mi cuello. Decidí entregarme al relax y, entre despierto y dormido, comencé a disfrutar de la sensación de su miembro penetrándome, acompañado de palabras cariñosas que decía en mi oído.

—Estoy, estoy; ahí voy —dijo, entre un gemido entrecortado.

Se vino nuevamente dentro de mí, llenándome con lo que fuese que aún pudiese estar saliéndole de su pija. Escuchando el sonido de su jadeo, nuevamente quedé profundamente dormido.

Desperté por la mañana, relajado como pocas veces; sentí que tenía el orto y los glúteos repletos de semen. Vi que Germán estaba inmóvil, acostado boca arriba, tapado hasta la cintura, con una pierna fuera de las sábanas y aún profundamente dormido. Quité la ropa que cubría su cuerpo y con mi boca fui directo hacia su miembro para comenzar a mamárselo. Germán comenzó a moverse.

—Buen día, lindo… Qué rico, qué dulce despertar —dijo.

Fui hacia su boca para darle un beso y regresé a su miembro

para continuar con la felatio. Continué mamándoselo hasta que largó leche; no fue mucha, porque sus testículos no habían tenido el tiempo suficiente como para producir semen en cantidad. Nuevamente nos besamos, nos duchamos, desayunamos y, tristemente, tuve que despedirlo.

Tenía reuniones pendientes durante el resto del día y quizá, solo quizá, tendríamos la oportunidad de reencontrarnos por la noche.

Finalmente, y con la intención de no meternos en un rollo del que seguramente saldríamos lastimados, decidimos que esa noche y las siguientes, cada uno dormiría en su casa.

Capítulo XIII
Fiesta anhelada

Transcurrió más de un mes desde el encuentro sexual y romántico que habíamos compartido con Germán. Se estaba jugando el mundial de fútbol, que, por cierto, me estaba generando mucha testosterona al ver tanto macho lindo y con piernas increíbles corriendo detrás de una pelota; si no finalizaba pronto, me terminaría enfermando de tanta paja que me estaba pegando.

Fui a correr al río, como habitualmente hago, y me crucé nuevamente con Martín. Ambos estábamos solos, por lo que nos hicimos compañía y corrimos juntos, mientras conversábamos.

—Che, ¿quién es el tipo con el que estabas corriendo la última vez que nos cruzamos? —preguntó Martín.

—Germán, un flaco con el que pegamos mucha química y con el que ya había garchado; garché la noche que nos cruzamos y la mañana siguiente, porque se quedó a dormir en casa —dije.

—Qué hijo de puta —dijo Martín.

Le conté la historia completa sobre cómo lo había conocido, del encuentro previo con Cristian, del desvirgue de orto que le había pegado y agregué:

—Parecido al que te pegué a vos hace unos años.

—Qué reverendo hijo de puta que sos, *man* —dijo Martín.

—Sabés que el día que nos cruzamos, Germán también me preguntó quién eras y me hizo un comentario sobre lo fuerte que estabas; obviamente, le sugerí que fuese urgentemente a visitar a un oculista —dije en tono de broma y riendo.

—Pará, boludo, que con lo que me contaste me está por explotar la verga por debajo de las calzas —dijo Martín.

—Que explote dentro de mi boca —dije, casi como un acto irrefrenable y esencial en mí por llevar al otro al límite.

Realmente me gusta llevar las cosas al límite en lo verbal para encender el fuego y terminar en la cama hechos fieras y relinchando como potros.

—Che, la semana próxima, nuevamente me quedo solo; si te interesa, podría proponerles a estos flacos un encuentro de cuatro y nos mandamos una linda fiestita —dije.

—Uy, boludo… nunca lo hice, pero me imagino que debe ser algo muy caliente; cuatro varones en bolas… Uf —dijo Martín.

—En verdad, yo tampoco hice nada siendo cuatro tipos y estaría bueno, ya que todos somos casados y, más allá del desenfreno sexual, no habría cosas extrañas —dije.

Comenzamos a elongar un rato y dije:

—Pará...

Fui hasta el auto a buscar el celular y le envié mensaje de texto a Germán, preguntándole si lo podía llamar. Me contestó al toque, diciéndome que sí.

Lo llamé, mientras le hacía gestos obscenos a Martín, que los festejaba cagándose de risa.

Germán respondió y resultó inevitable hacer algún comentario en alusión a nuestro último encuentro.

—Che, ¿sabés que estoy en el río al lado de Martín? ¿Te acordás del flaco con el que nos cruzamos cuando vinimos a correr? —dije.

—_¿Tu profesor del gym al que desvirgaste?_ —preguntó Germán.

—El mismo, mi profesor del _gym_ al que desvirgué —contesté.

Martín me miró, me dio una piña en el brazo, diciéndome que era un hijo de puta por haberle contado a Germán sobre nuestra historia.

Estábamos pensando en armar una fiestita, hacer algo con vos y con Cristian; la semana que viene me quedo nuevamente solo, así que, si aceptás y podés, nos quedaría proponérselo a Cristian —dije.

—_¿Y? ¿Martín se prende?_ —_preguntó Germán, del otro lado de la línea._

—Mirá, recién me dijo que nunca lo hizo, pero seguramente sí… es muy puto y le gusta la pija, así que seguro que no se lo pierde —dije bromeando y riendo.

Martín me miró con cara de odio y volvió a pegarme una piña en el brazo.

—Sos un hijo de mil putas, ¿cómo le vas a decir eso sobre mí a alguien que no me conoce? —dijo Martín.

—_Mirá, realmente me tienta y mucho la idea, aunque confieso que_

*me da un poco de cagaso; jamás lo hice, pero si estás vos, me animo —
contestó Germán.*

—Ok, me voy a comunicar con Cristian o, si lo ves en el laburo, proponéselo. Si se prende, solo quedaría arreglar día y hora en el que podamos todos...

Cortamos y le envié mensaje a Cristian, pero no recibí respuesta, así que nos fuimos y quedamos con Martín en que lo llamaría cuando tuviese algo más o menos armado.

Me fui a casa y, antes de ducharme, me senté frente a la computadora, recordando un video que había visto hacía tiempo, en el que un flaco se comía tres pijas juntas por el orto, cosas que, hasta ese momento, me parecían imposibles de hacer, por una cuestión de posiciones y de la habilidad necesaria que deberían tener los activos, además de la dilatación como para tolerar tres pijas por parte del pasivo, pero ahí estaba y lo hacían. Había guardado el link en un correo privado, así que lo busqué y me puse a verlo nuevamente, acompañándolo con una paja infernal que comencé a clavarme, pensando en mis tres amiguitos y en la posibilidad de intentar tremenda salvajada.

Como la ley de *Murphy* jamás falla, justo en el momento en el que mi pija explotaba, recibí respuesta de Cristian, preguntándome si me podía llamar. Terminé de largar leche, que quedó desparramada sobre mi panza y le respondí que sí.

Me llamó al toque.

—¿Cómo va?, tanto tiempo —dije.

—Es verdad, finalmente no nos vimos más, aunque me enteré de que a Germán sí lo viste; me dejaron afuera —dijo

Cristian.

—Sí, es verdad, pasamos una linda noche, pero no te avisé porque surgió imprevistamente, sobre la marcha —contesté, diciéndole una mentira piadosa.

Un hilo de semen comenzaba a desplazarse hacia el costado de mi panza y, si no me limpiaba, terminaría manchando el tapizado de la silla.

—Uy, pará, pará —dije.

—¿Estás ocupado?, ¿te llamo en otro momento? —preguntó Cristian.

—No, no, solo que justo cuando recibí tu mensaje, me estaba clavando una puñeta mientras veía una porno y desparramé semen sobre mi pansa, que ahora está deslizándose hacia la silla —dije, sabiendo que lo haría calentar.

—Uy, ¡no podés! —dijo Cristian.

—Mmm… me estoy limpiando con los dedos y me los estoy llevando a la boca; qué rico —agregué.

—Dejame verte, hijo de puta —dijo Cristian.

Abrí *Skype* en el celular y comencé a mostrarle cómo recolectaba con los dedos las gotas de semen y las depositaba morbosamente sobre mi lengua.

—¡Qué hijo de puta que sos…! Alto morbo, boludo; voy a terminar clavándome una paja en el vestuario del laburo —dijo Cristian.

—Me encantaría verte —dije.

—No puedo acá, boludo, hay gente, pero llego a casa y me encierro en el baño para descargar —contestó Cristian.

—Una pena que no estés acá para limpiarme con la lengua —dije.

—Invitame —contestó Cristian.

—Justamente, es por eso que quería hablar con vos. La semana próxima voy a estar solo; le propuse a Germán y ahora te lo propongo a vos, si te querés prender en una fiestita de cuatro —dije.

—Upa, festichola… no sé, me da un poco de cagaso… ¿quién sería el cuarto? —preguntó Cristian.

—Un amigo, Martín, también casado; cero quilombo, todo tranqui; la idea es hacer lo que se vaya dando, sin presiones ni nada preestablecido —dije.

—Ok, dejame pensar; sinceramente, me da cosa; te imaginarás que jamás lo hice y mi única experiencia con tipos fue con vos y con Germán; ¿él te dijo que sí? —preguntó Cristian.

—Germán me contestó más o menos lo mismo que vos, pero me dijo que estando yo, se animaba —contesté.

—Y… claro, este es pirata como vos y tiene experiencia… —dijo Cristian.

—Bueno, pensalo y me avisas, ¿dale? —contesté.

Nos despedimos y me fui a duchar para sacarme el chivo y el semen que había quedado enroscado entre los pelos de mi panza. Salí de la ducha y comencé a secarme. Mi celular indicaba que había entrado un mensaje. Era Cristian, diciendo

"Dale, me prendo..." La calentura y el morbo de participar en una partusa pudieron más que sus miedos y, aparentemente, no le tomó mucho tiempo como para tomar una decisión...

Pasé el fin de semana con la lívido al ciento por ciento, pensando en lo que podríamos hacer los cuatro juntos, y encima, se daba una situación inédita para mí. Los cuatro, casados, peludos, con buenas patas y muy buenos caños; tres morochos y uno rubión. No me imaginaba un escenario más perfecto.

Me senté frente a la compu nuevamente y se me ocurrió enviarles el _link_ del video a los tres, sin hacerles comentario alguno sobre el contenido y, obviamente, esperando sus respuestas.

Me resultaron muy divertidos los mensajes que comenzaron a llegar... _"¿De dónde sacaste este video?"_, _"¿Cómo es posible hacer algo así?"_, _"Ese tipo está en pedo"_, _"¡Tres pijas juntas en el orto!"_, _"¿Querés hacer eso...?"_.

Riéndome por todo lo que me decían, les contesté a los tres lo mismo: _"Si pueden, nos juntamos el martes al mediodía en casa y que salga lo que salga..."_

El domingo por la noche, habían llegado las confirmaciones de los tres, por lo que mi fantasía de una fiesta entre cuatro casados, finalmente la convertiría en realidad.

El lunes fue el día más largo de mi vida. Intenté concentrarme en el laburo, tratando de no entrar en ningún sitio de contactos, ni en sitios porno, porque quería estar a _full_, con las bolas bien cargadas, con la pija al palo y con el orto ansioso por ser penetrado.

Por la noche, fui a comprar un frasco de lubricante y una caja grande de preservativos, porque imaginé que los utilizaríamos en cantidad y, realmente, me costó mucho conciliar el sueño.

El martes a la mañana, luego de cagar, me hice un lavado profundo y comencé a introducirme lubricante para prepararme; la idea de la triple penetración había quedado dando vueltas por mi cabeza.

Llegó el mediodía y sonó el portero. Era Martín; bajé a abrirle. Como era habitual en él, por su actividad, vestía ropa deportiva; nos saludamos con un beso en la mejilla, subimos al ascensor y nos pegamos un lindo chupón; ingresamos al departamento y lo invité a que se sentase en el _living_. Se me cruzó la imagen de Martín y Facundo sentados allí y pensé que, a Facundo, jamás lo había vuelto a ver y que quizá hubiese

estado interesante invitarlo… hubiese sido el único cazador en medio de cuatro _"lobos"_.

—¿Lo seguiste viendo a Facundo? —pregunté.

—Me lo crucé en la calle a las apuradas, pero aparte de eso, no lo vi más —contestó Martín.

—Lindo garche el de aquella vez; Facundo está muy bueno, solo le faltan pelos en el pecho —dije.

—Sí, está muy fuerte… No me voy a olvidar nunca la cara que puso cuando pusiste el _DVD_ y comenzamos a pajearnos en el sillón —dijo Martín, riendo.

—Che, recordame los nombres de estos pibes —dijo Martín.

—Germán es el que estaba conmigo cuando nos cruzamos en el río y el otro es Cristian —respondí.

—¿Cómo es Cristian? —preguntó Martín.

—Físico similar al tuyo, un poco más estilizado, bien peludo y con un caño increíble —respondí.

Sonó nuevamente el timbre de calle... Cristian y Germán habían venido juntos y aguardaban abajo.

—Son ellos, bancame que bajo a abrir —le dije a Martín.

Bajé y encontré a ambos vistiendo el uniforme de la empresa. Aparentemente, se estaban tomando un recreo o harían algún _"servicio técnico especial"_.

—¿Cómo va? —pregunté.

—Todo bien, maestro —contestó Cristian.

Caminamos hacia el ascensor y, al llegar al _hall_, vi que desde el otro ascensor descendía Andrés, que venía caminando hacia nosotros… Nos cruzamos y me saludó guiñándome un ojo.

—¿Otra vez con problemas en el cable, Gonzalo? —preguntó el encargado del edificio, que revisaba correspondencia para repartir.

—Sí… Vamos a ver si los muchachos lo pueden resolver —respondí.

Ingresamos en el ascensor y comenzamos a reír por la respuesta que tuve que darle al encargado.

—Espero que estén preparados para brindarme un buen

"servicio técnico" —dije riendo.

Entramos al departamento y se los presenté a Martín.

—Él es Martín, mi ex profesor del *gym*, a quien hace algunos años desvirgué y se ve que le gustó... —dije sonriendo.

Martín se rió y me pegó una piña en el pecho...

—Ellos son Cristian y Germán, técnicos de la empresa de cable, que hacen un servicio espectacular... A Cristian lo conocí primero, vino por un servicio técnico y terminé dándole un servicio a él; su mujer acababa de parir y el pobre hacía tiempo que no la ponía... Después me lo terminé garchando y le desvirgué el orto. Parecido a lo que te sucedió a vos, Martín; que ahora, además de las conchas, también te gustan las pijas —continué diciendo en medio de risas burlonas.

—Sos un hijo de puta; te vamos a romper el orto en cuatro —dijo Cristian.

Continuando con mi relato, agregué:

—A Germán… no, Germán ya vino desvirgado de todos lados, pero coje lindo y está muy fuerte, ¿no? —agregué, acercándome para clavarle un beso en la boca.

Comenzamos a reírnos, bromeando unos con otros.

Fui a buscar jugo y regresé con cuatro vasos... Martín estaba solo en un sillón; Cristian y Germán en el del enfrente. Bue… se ve que el reparto ya está hecho y que me toca acá —dije, sentándome al lado de Martín y dándole un pico…

Realmente, era una situación increíble, porque podíamos ser cuatro amigos, sin ninguna situación sexual de por medio,

212

pero la realidad es que nos habíamos reunido porque todos estábamos habidos de pijas y de culos.

Sonó mi celular y, para mi sorpresa, era una llamada de Andrés.

—Uy… banquen un segundo, es el vecino que cruzamos recién en el _hall_… también es del palo —dije y contesté el llamado.

—¿Qué hacés, querido? —dije.

—Hola, ¿cómo va?… Che, ¿qué vas a hacer con esos flacos con los que subiste en el ascensor? Vi que son de la empresa de cable y que están más buenos que el chocolate… —comentó Andrés.

—¿Viste…? Están muy fuertes… Lo que no sabés es que, además, arriba ya tenía a otro más esperando —dije.

Martín, Cristian y Germán no entendían muy bien de qué se trataba mi conversación.

—¿Otro del cable?, ¿pero entonces van a garchar? Yo te estaba haciendo una broma y resulta que es cierto, te vas a encamar con esos flacos… —dijo Andrés.

—El tercero es un amigo y sí, señor, fiestita de casados… Si te querés sumar, estás invitado —dije.

—Sos un hijo de puta, boludo… no puedo, ya subí al tren… me encantaría experimentar algo así; la próxima me tenés que invitar… —dijo Andrés.

—Realmente, no se me ocurrió decirte; prometo que armo otra y te incluyo… de todas maneras, nosotros dos tenemos que repetir solos —dije.

Cortamos y les expliqué con quién estaba hablando y les conté brevemente la historia que habíamos tenido.

—No saben lo que es este flaco en pelotas —dije.

—Sí, está muy bueno ese tipo; yo fui a su departamento a instalarle el servicio de _HD_, pero fue previo a venir al tuyo y el flaco, cero onda, muy serio —dijo Cristian.

—Es que para él esto es bastante nuevo y nunca se hubiese animado a decirte nada; si lo hubiese visitado Germán, que es más lanzado, quizá le hubiese buscado la vuelta como para terminar metiéndolo en la cama —dije.

—Que no te quepa duda… —dijo Germán.

—Veo que ya estuviste haciendo estragos por el edificio —dijo Martín.

—Algunos —contesté sonriendo, sin contarles sobre mi vecino de al lado.

—Bué, de todas maneras, realmente muy lindos los nenes que tenemos sentados acá enfrente —dijo Martín.

—Vos estás buenísimo, _man_, ¡mirá las patas que tenés! —comentó Germán.

Cristian comenzó a hacer comentarios sobre el video que les había enviado.

—Yo, gracias, que me animé a que me cojas y mandas un video de un tipo que se está lastrando tres pijas juntas por el orto… ¡Qué hijo de puta!, ¡Qué dolor! —dijo.

—Bueno, antes de conocerme, nunca se te había cruzado que un macho te terminaría empernando y mirá cómo terminaste… Primero te cojí yo y después te empernó Germán… Quizá, en un momento de calentura, cedés y terminamos metiéndote dos juntas —dije provocándolo.

—Olvidate, eso nunca va a suceder —respondió Cristian.

—Conmigo tampoco cuenten para eso —dijo Martín.

—Te das cuenta; son dos cagones —dije, dirigiéndome a Germán y riendo.

Lentamente, el clima comenzó a calentarse; me incliné cómodamente en el respaldo del sillón y, no dejándome hablar más, Martín agarró mi cara con ambas manos y por poco me ahoga del beso que me clavó.

De reojo, pude ver que Germán se tiraba encima de Cristian y que comenzaba a comerle la boca salvajemente.

—Pará, boludo, dejame respirar —le dijo Cristian a Germán.

Me recosté y Martín me abrazó sin dejar de besarme; comencé a apretar sus glúteos firmes y redondos; una mano en cada uno, apretándoselos firmemente, haciendo que su cuerpo se aplastara contra el mío.

—Vamos despacio, que hoy hay mucho para repartir —dije.

Me incorporé y los invité al cuarto. Entramos y comenzamos a rozarnos unos a otros, sacando las lenguas y pasándonoslas por los cuellos, labios, frentes, barbillas, pellizcándonos las tetillas, besándonos; sublime y tremendamente excitante ver ocho brazos peludos franeleándose unos a otros, recorriéndonos los pechos repletos de pelos, percibiendo las respiraciones que cada vez se hacían más agitadas.

Con Martín, comenzamos a desabrochar los botones de las camisas de Cristian y de Germán, hasta dejarlos en cuero.

Ambos nos quitamos las remeras y, mientras ellos comenzaban a besarse, descendimos, nos arrodillamos y, abriéndoles las braguetas, sacamos sus miembros semierectos y comenzamos a mamárselos, Martín al de Cristian y yo al de Germán.

—Papito… flor de poronga —dijo Martín, refiriéndose a la pija de Cristian.

Sin largar la pija de Germán, levanté la mirada y vi que continuaban comiéndose las bocas y babeándose las caras.

Sus miembros ya estaban firmes como estacas. Junto a Martín nos hundimos en una descontrolada felatio, en la que nos metíamos las dos pijas juntas en una boca, intercalando una con otra; nos comíamos nuestras lenguas con las pijas apoyadas en nuestras caras, bajábamos hacia sus bolas, escuchando los gemidos que comenzaban a emitir Cristian y Germán.

Martín se incorporó y unió su boca a la de ellos, dejando su pija a mi disposición. Quedé arrodillado con tres miembros erectos a la altura de mi boca y deseosos por ser complacidos.

Comencé a mamárselas, una a una; me metía una, la sacaba y seguía con la siguiente, sintiendo las caricias que ellos hacían con sus manos sobre mi cabeza y sobre mi cara.

Me incorporé y terminamos de desvestirnos. No podía

216

creer la imagen que tenía enfrente y la que me devolvía el espejo.

Realmente, no supe si proponer y guiar la situación, o dejar que todo fluyera solo y que cada uno hiciera lo que quisiera o lo que saliera.

Martín fue el primero en quedar completamente en bolas y, cuando lo hizo, se tiró boca arriba en la cama. Sin esperar mucho, me arrodillé sobre la cama y me prendí en su pija, dejando mi orto bien parado. Germán no tardó en comenzar a lamérmelo con mucha pericia, mientras que Cristian se tiraba al lado de Martín y comenzaban a comerse las bocas.

Me resultó muy fuerte ver a estos dos flacos comiéndose las bocas salvajemente y pensar que, hasta nuestros encuentros íntimos, jamás habían garchado con otros tipos y que ambos habían debutado conmigo.

Germán agarró el frasco de lubricante, untó mi ano y comenzó a introducirme alternadamente sus dedos; luego comenzó con dos juntos, luego tres… Sentí que estaba por meterme la mano entera. Yo estaba entregado al placer de mamarle la pija a Martín y de ver cómo él se besaba con Cristian.

Germán se calzó un preservativo, se arrodilló por detrás de mí y, sin preguntar, me la enterró entera y de un empujón. Creí que enloquecía de la calentura que tenía encima. Cristian tenía la pija que parecía un mástil y la acercó a la boca de Martín para que se la comenzara a mamar.

Sentí que el miembro de Germán salía de mi orto y le pidió a Cristian que se recostara boca arriba. Cristian alejó su pene de la boca de Martín y se acostó junto a él.

Germán agarró otro preservativo y lo calzó en la poronga de Cristian; lubricó rápidamente su ano y, sin demoras, se ubicó de cuclillas sobre Cristian para comenzar a descender, dejándome ver cómo ese enorme caño se perdía entre sus glúteos, para comenzar a taladrarle el ano.

La imagen me hizo enloquecer; calcé un preservativo en la chota de Martín y me senté sobre ella. Martín y Cristian comenzaron a besarse nuevamente, mientras que Germán y yo, uno apoyado en el hombro del otro, subíamos y bajábamos, enterrándonos sus pijas, mientras que nos comíamos las bocas.

—Quiero otra más —dije en el oído de Germán.

Sin hacerse rogar, se paró, se puso en cuclillas detrás de mí y empujó mi espalda hacia adelante, para hacer que mi orto quedase más levantado.

—No te muevas —le dije a Martín.

Germán apoyó su glande al lado del pene de Martín y comenzó a presionar, logrando que su glande se abriese paso dentro de mí. Mi ano comenzó a dilatarse y sentí que se me enterraba entera, brindándome extremo placer y sin experimentar ningún tipo de dolor.

Cristian se arrodilló a mi lado y comencé a mamar su pija con mucho morbo. Era la primera vez en mi vida en la que experimentaba el placer de estar siendo penetrado simultáneamente por dos pijas y de tener una tercera disponible para meter en mi boca.

Dejándome desprovisto de mi juguete, Cristian se arrodilló por detrás de Germán y comenzó a penetrarlo nuevamente.

Inmediatamente, sentí que la pija de Germán se había convertido en un misil, estimulada por el masaje de próstata que le estaba brindando la poronga de Cristian.

Nos dimos un buen rato en esa posición. Miré hacia el espejo lateral y morí de placer al observar mi propia imagen, sentado sobre Martín, con su miembro enterrado dentro de mí; la imagen de Germán, que, apoyado sobre mi espalda, también me enterraba el suyo y, detrás de él, Cristian bombeándole el orto a Germán… Muy heavy y altamente excitante.

Le pedí a Germán que me la sacara; Cristian se retiró de Germán; Germán se retiró de mí y, finalmente, pude levantarme para liberarme de la pija de Martín. Me tiré en la cama boca arriba, sintiendo que mi ano, absolutamente dilatado, latía sin control.

Martín, Cristian y Germán comenzaron a franelearse y a besarse intensamente. Martín se separó y acercó su cara hacia la mía para comenzar a besarme.

—¿Qué pasa, papu, te asustaste al ver tanta pija junta? ¿No querés una para vos? —pregunté.

Martín solo sonrió y no emitió palabra. Me incorporé, calcé un preservativo en mi pija, lo tiré de espaldas, levanté sus piernas, lubriqué bien su ano y mi miembro; muy lentamente comencé a jugar con mi glande sobre su ano y despacio, pero sin pausa, lo penetré. Hizo un gesto de dolor y emitió un gemido…

Cristian y Germán, que permanecían compenetrados en brindarse mutuo placer, se dieron vuelta para mirarnos.

—Uy, parece que te están empomando, bestia —dijo Germán, dirigiéndose a Martín.

—Callate, turro, que ahora te vamos a agarrar a vos —respondió Martín.

—¿Querés que te la saque? —pregunté.

—No, no, estoy bien, solo quédate quieto un momento y dejá que me relaje —contestó Martín.

Pasaron unos minutos y la tensión de su rostro fue reemplazada por un gesto de placer; estiró sus brazos, dejando las manos por detrás de su cabeza, indicando que se encontraba relajado y distendido.

—Ahora sí, pa, garchame como quieras —dijo.

Sin hacerme rogar, se la enterré entera, hasta sentir que mis bolas hicieron tope con su ano.

Su culo se sentía apretado y estrecho... Estaba claro que a Martín no se lo cojían seguido, pero sin lugar a dudas, le gustaba y lo disfrutaba... En verdad, siempre imaginé que, por fuera de los encuentros que había mantenido conmigo, jamás había garchado con otros tipos, aunque nunca se lo había preguntado.

Repentinamente, sentí las manos de Cristian que tomaban mi cintura y que comenzaba a deslizar por mis nalgas su tremendo garrote. Apenas tuve tiempo para pedirle que fuera despacio y ya sentí como su enorme glande comenzaba a abrirse paso dentro de mí. Me dio bomba un buen rato, mientras que Germán se arrodillaba al lado de la cara de Martín y le ponía la pija en la boca...

El espejo me devolvía la imagen de las piernas peludas de Martín atrapando mi cintura, mi cuerpo semi reclinado sobre su pecho y con mi pija perdida en su ano; el perfil de Cristian que me sostenía de la cintura, mientras que me enterraba su caño y de frente, el pecho rubión de Germán, con la cara de placer que le proporcionaba Martín al mamarle la pija.

Por un instante, se me atravesó la imagen de cada uno de nosotros acompañado por nuestras familias, todos señores casados o divorciados (era el caso de Martín) con hijos y que, claramente, contrastaba con el momento de sexo desenfrenado que estábamos compartiendo.

Alejé esos pensamientos de mi cabeza, porque no quería opacar con sentimientos culposos ese momento de lujuria.

Le pedí a Cristian que me la sacara, se la saqué a Martín y me recosté a su lado. Germán se acostó a mi izquierda y Cristian a la derecha de Martín. Quedamos los cuatro tirados en la cama, boca arriba, con los miembros erectos y aún sin eyacular, tocándonos unos a otros.

—Muchachos, los quiero a los tres juntos; probemos los del video que les mandé —dije.

—Si Ud. lo dice —dijo Martín.

—Umm, tentador —dijo Germán.

Pensé en cómo guiar la situación, ya que, excepto Germán, ni Martín ni Cristian tenían mucha experiencia teniendo sexo con hombres.

Les expliqué que haríamos...

Le pedí a Martín que se acostase boca arriba; me senté sobre su pija, que entró fácilmente y que quedó casi bailando dentro de mi ano, que lo sentía dilatado como nunca antes. Le pedí a Germán que se posicionara por detrás de mí y que penetrara, quedando entre cuclillas y parado. Germán reposó sus manos en mi cintura, bajó un poco y, dejando las piernas semiflexionadas, apoyó su glande al lado del caño de Martín y comenzó a presionar. Sentí que, lentamente, su pija comenzaba a abrirse camino dentro de mí, despacio, pero firme. Estaba comenzando a gozar enormemente con esta situación.

Noté que las piernas de Germán comenzaban a temblar, producto del esfuerzo que estaba haciendo para mantenerse en esa posición.

—Boludo, esto es mejor que el gimnasio; además de trabajar las piernas, estoy disfrutando del sexo —dijo Germán.

Le pedí a Cristian que se pusiera a mi lado para poder chuparle la pija. Nunca había mamado una verga tan hermosa, mientras que otras dos me abrían el orto de esa manera… Estaba entregado a la locura del sexo desenfrenado...

Le indiqué a Cristian que se pusiera detrás de Germán, pero más abajo, y que intentara meter su caño entre el de ellos dos. Vi por el espejo que se posicionaba como le había indicado, como llenaba de gel los troncos de Martín y de Germán, que fácilmente entraban y salían de mi ano. Se embadurnó bien el caño y comenzó a empujar. Me aferré fuerte al pecho de Martín, apreté los dientes y comencé a gruñir al sentir que la pija de Cristian se deslizaba entre la de Martín y la de Germán, abriéndome paso. Les pedí a los tres que se quedaran quietos por un momento.

Imaginé que lo que estaba experimentando debería ser una sensación similar a la de tener un puño metido en el ano.

—Uy, boludo, me están matando —dije con la voz entrecortada y a punto de gritar.

—¿Salgo? —preguntó Cristian.

—Sí, por favor, sacámela un poco —contesté.

Cristian retiró su miembro y sentí un gran alivio… Las pijas de Martín y de Germán continuaban metidas en mi orto y se deslizaban fácilmente. Me aferré al pecho de Martín y comencé a besarlo, mientras que Germán besaba mi espalda y continuaba bombeándome.

Vi por el espejo que Cristian volvía a posicionarse y que comenzaba a empujar nuevamente, logrando que su miembro se enterrara dentro de mí.

Perdí noción de la realidad y entré en estado de trance; la imagen que me reflejaba el espejo superaba cualquier cosa que pudiese haber vivido antes.

Cristian comenzó a moverse, intentando llegar más profundo, pero el cuerpo de Germán no le permitía avanzar mucho más. Comencé a gemir como una bestia; Germán, Martín y Cristian también gemían por el placer que les provocaba sentir sus pijas tan apretadas y atrapadas dentro de mí; tanto calor y tanto olor a hombre...

No entendía cómo me había animado a tanto, pero ahí estaba, con tres pijas en el orto, tres machos dándome duro, sintiendo las gotas de sudor que recorrían nuestros cuerpos...

Sentí que no daba más y les pedí que me las fueran sacando. Cristian retiró su pene, lo que me produjo un gran alivio.

Se paró delante de mí, con sus pies apoyados uno a cada

lado del cuerpo de Martín y se quitó el preservativo, dejando su pija frente a mi boca. Aún con los miembros de Germán y de Martín dentro de mí, comencé a mamársela e, inmediatamente, largó un chorro de semen, que no pude más que tragármelo. Continué mamándosela y sentí como se deslizaba

por mi barbilla el semen que desbordaba de mi boca y que caía sobre la cara de Martín. Le comencé a lamer la cara a Martín y luego a besarlo, llenándole la boca con el semen de Cristian... Cristian se recostó al lado de Martín y también comenzó a besarlo y, al alejarse, observé los hilos de semen tensados que permanecían uniendo sus labios.

—Qué lindo, pa, qué morbo me da esto... ¿Te gusta la colita con dos pijas adentro?, como te estamos dando? Ahora te lleno la boca —dijo Germán en mi oído, sacando su pija de mi orto y poniéndola en mi boca.

Comenzó a cojérmela, hasta depositar un río de semen espeso dentro de ella, que en parte tragué y parte salió por la comisura de mis labios, deslizándose hacia mi barbilla... Germán acercó su boca para comer la mía y con su lengua recolectó su néctar que goteaba de mi pera.

Cristian y Martín continuaban besándose; Cristian se incorporó para recolectar con sus lenguas todo lo que pudiera.

—Me vengo —anunció Martín, que aún tenía su miembro dentro de mí.

Me incorporé, liberando mi ano de su miembro y, como abeja al polen, los tres acercamos nuestras bocas a su pija para recibir su néctar.

Con el rostro colorado y completamente sudado, Martín

emitió un ruidoso gemido y de su glande comenzó a asomar una catarata de semen blanco y espeso que fuimos compartiendo uno con el otro.

Quedamos tirados sobre la cama, exhaustos y franelando nuestros cuerpos. Mi orto latía y sentí como lentamente comenzaba a cerrarse. Me incorporé y comencé a lamerlos uno a uno, limpiando cada gota de sudor mezclado con semen, que se enredaba en los pelos de pechos y de panzas… No dejé parte de sus cuerpos sin tocar y sin lamer.

Permanecimos tirados, sin emitir palabra y solo escuchando nuestras respiraciones.

—Guachín, sos el único que terminó con el ojete sin laburar —le dije a Cristian, abrazándolo.

Cristian esbozó una sonrisa.

—Es verdad... tenemos que hacer algo —dijo Germán.

Me senté sobre su abdomen y, tomándolo de las manos, extendí sus brazos hacia atrás, dejándolo inmóvil. Vi por el espejo que Martín agarraba lubricante y que levantaba las piernas de Cristian, dejándolas apoyadas sobre sus hombros. Comencé a besarlo y percibí su exclamación, indicando que Martín lo estaba puerteando.

—Despacito, despacito —dijo Cristian, liberándose de mis labios.

Cerró los ojos, apretó mis manos y comenzó a gruñir, señal de que Martín se la había enterrado entera. Vi por el espejo los movimientos de Martín, que comenzó a darle duro, y el morbo que transmitía la cara de Germán, que comenzaba a lubricar bien su chota y que, sin mucha demora, se ubicó en cuclillas por detrás de Martín, apoyó sus manos sobre sus hombros y lo penetró...

Las patas peludas y musculosas de Cristian, sostenidas por los brazos peludos y músculos de Martín mientras se lo cojía y detrás, el rubión de Germán bombeándoselo a Martín... Me dio tanto morbo la escena, que me incorporé, llené mi caño de gel y me puse detrás de Germán, a quien tomé firmemente de los hombros.

—Acá va mi devolución —dije, enterrándole mi pija hasta la garganta de un solo envión y escuchando su gemido.

—Sí, sí, cojeme, cojeme bien; como me gusta tenerte adentro —dijo Germán.

Increíble la imagen del trencito en el espejo. Cada uno gemía a su ritmo y antojo; cada uno estaba inmerso en el placer propio y ajeno; cada sonido estimulaba la libido para seguir dándonos duro.

Continuamos dándonos un rato, hasta que cada uno acabó dentro del otro, acompañado de una seguidilla de gritos ahogados... Quedamos desparramados en la cama, saciados de tanto sexo desenfrenado... Sentí que no podía siquiera moverme.

De haber querido violarme, lo hubiesen hecho, porque estaba exhausto, entregado y sin posibilidad alguna de ofrecer resistencia.

Nos levantamos y los invité a las duchas. Retiré las sábanas que estaban impregnadas de sudor y de semen y las llevé al lavadero.

Nos metimos dos en cada ducha y comenzamos a enjabonarnos los cuerpos, con las pijas que comenzaban a ponerse nuevamente duras. Abracé a Germán y nos quedamos un buen rato sintiendo el agua tibia caer por nuestros cuerpos.

Sin dudas, se había armado un grupete que daba como para hacer un viaje de amigos solos, con tiempo y distendidos, como para poder cojer día y noche, desenfrenadamente y sin pausa.

Les alcancé toallones a todos y nos vestimos.

Parados en el *living*, acerqué las caras de los tres hacia la mía, los besé uno a uno, preguntándoles si lo habían pasado bien.

—Espectacular —respondió Martín.

—Increíble, *man* —dijo Cristian.

—Siempre dispuesto a lo que propongas, pa, sos un anfitrión increíble —dijo Germán, dándome un beso.

Bajé a despedirlos, deseando que, en algún momento, pudiésemos repetir la experiencia o, quizá, incorporar a mi vecino Andrés.

Capítulo XIV
Viaje soñado

Con la necesidad de resolver un negocio que hacía largo tiempo veníamos gestando y con la temporada de verano próxima a estallar, viajamos junto a mi socio a una ciudad de la costa de Buenos Aires.

Bien temprano, para evitar el tráfico de la ciudad, Ramiro me pasó a buscar por mi casa con su camioneta.

—¿Qué hacés, *man*? Lindo día, pero fresco, eh —dije al subir a la camioneta.

—Buen día; sí, fresco, pero hermoso para agarrar la ruta —respondió Ramiro.

Ramiro se había equipado y, entre los asientos, había dos vasos plásticos conteniendo humeante café con leche y un paquete con facturas; por lo que cruzamos la ciudad casi vacía, compartiendo el desayuno y hablando sobre temas intrascendentes. Rápidamente, ingresamos en la autopista que nos conduciría directo a la ruta, a la que llegamos en cuarenta minutos.

Como era habitual en él, Ramiro vestía de un modo absolutamente informal y prolijo. Pelo bien corto, oscuro y con algunas canas que pintaban sus sienes; barba sin afeitar, también con incipientes pelos blancos mezclándose entre los oscuros pelos negros; lentes de sol, *jean* tradicional, camisa escocesa, *sweater* color natural con cierre, zapatillas blancas; un aspecto muy canchero.

Junto a nuestras familias, hacía varios veranos que veníamos compartiendo vacaciones en la ciudad hacia la que nos dirigíamos y fue por ese motivo que habíamos decidido encarar un negocio allí.

Ramiro era deportista, por lo que siempre se mantuvo en estado; tenía muy lindas patas y era peludo; siempre me había parecido un tipo atractivo, por lo que me resultaba realmente muy complicado el evitar que notase mis miradas de deseo, especialmente durante los veranos, cuando estamos en la playa vistiendo solo *shorts* o bermudas.

Aunque no era lo habitual, en algunas ocasiones nos duchábamos luego de compartir con amigos algún partido de pádel, por lo que nos habíamos visto desnudos en el vestuario y no había perdido la oportunidad para observarlo detenidamente.

Muchas veces, había fantaseado con la idea de que, quizá, en algún momento, se diese alguna situación especial de festejo, con alcohol de por medio, que me permitiese provocar alguna situación sexual con él, pero rápidamente lo descartaba, ya que, además de que nuestras familias eran amigas, éramos socios en nuestro trabajo, por lo que cualquier conflicto provocaría una hecatombe total en nuestras vidas.

Conversando sobre el negocio que iríamos a concretar y sin darnos casi cuenta, estábamos ingresando a la pequeña ciudad y rápidamente estacionábamos frente al acceso del hotel.

Ingresamos al lobby a las nueve y nos registramos, tomando una habitación doble. Subimos y dejamos los bolsos.

Ramiro se comunicó con el agrimensor, con quien deberíamos reunirnos, y al colgar dijo:

—Este es un nabo.

—¿Qué pasó? ¿Qué te dijo? —pregunté.

—Que recién al mediodía va a tener listos los planos —dijo Ramiro.

—Bueno, de todas maneras, ya sabíamos que hasta mañana no podríamos presentar nada en la municipalidad —dije.

—Sí… espero que podamos hacerlo mañana temprano, así regresamos a Buenos Aires antes del mediodía.

—Ya que este nabo nos clavó hasta el mediodía, ¿qué te parece si vamos a correr un rato por la playa? —le propuse.

—Dale, estaría bueno —contestó Ramiro.

Nos pusimos ropa deportiva y salimos trotando desde el hotel hasta llegar a la playa. El día era realmente estupendo, el cielo estaba completamente despejado y diáfano, el sol, ubicado sobre el mar, ya comenzaba a templar la fresca mañana de primavera; había muy poco viento y solo una tímida fila de olas rompía cerca de la costa.

Trotamos durante cuarenta y cinco minutos y regresamos al hotel. Fuimos hacia el parque y elongamos unos quince minutos. Permanecimos sentados un rato en el pasto, disfrutando del radiante sol, que a esta altura del año ya comenzaba a broncear, y luego nos dirigimos hacia la habitación.

Mientras Ramiro realizaba unas llamadas telefónicas, tomé una ducha rápida, salí con un toallón atado en mi cintura y me tiré en la cama para distenderme.

—Che, me avisó Alan que en media hora está por acá —dijo Ramiro.

—Pero ¿no es que no lo terminaría hasta el mediodía? —pregunté.

—Sí, pero, evidentemente, se adelantó; de todas maneras, ya son las once y media —respondió.

Era cierto, habíamos llegado a las nueve; entre el *check-in*, vestirnos, correr y elongar, ya se había hecho casi el mediodía.

Ramiro se metió en el baño y dejó la puerta abierta; comenzó a desvestirse; se sacó la remera, dejando al descubierto su torso velludo, luego se sacó el *short* y el *slip*, quedando al descubierto y colgando su hermosa poronga. Se metió en la ducha y yo me quedé tendido en la cama, imaginándome muchas cosas después del cuadro que acababa de presenciar.

Quedé medio dormido, producto de haberme levantado a la madrugada y de los 8 km que había corrido. De pronto, me sobresaltó el teléfono del cuarto. Era un llamado de la conserjería, avisándonos que estaba el agrimensor en el *hall* del hotel. Pedí que lo hicieran subir.

Me di cuenta de que aún vestía solo el toallón atado a mi cintura y que mi pene semi erecto se marcaba por debajo; evidentemente, en mi somnolencia, debería haber soñado algo interesante. Sin darme tiempo de vestirme, golpearon la puerta y fui a abrir así, como estaba.

Frente a la puerta estaba él, con su metro ochenta y cinco de altura, pelo castaño claro, bermuda que dejaba ver sus buenas piernas velludas, camisa abierta, mostrando su pecho también velludo; sus increíbles ojos celestes, la barbita candado bien corta, algo canosa y una sonrisa demoledora. En verdad, ya nos habíamos conocido en su estudio, cuando fuimos a consultarlo y cuando, finalmente, le encomendamos el trabajo.

Más allá de su profesión, solo sabía que era un tipo casado, que tenía dos hijos y no mucho más que eso.

Claramente, quedó sorprendido al verme parado en la puerta y cubriéndome solo por un toallón atado en mi cintura.

—Disculpame que te reciba así, es que hace un rato regresamos de correr y no hice a tiempo para vestirme; de hecho, Ramiro aún se está duchando —dije.

—¿Querés que los espere en el _lobby_? —preguntó.

—No, no —contesté, invitándolo a pasar.

El hotel en el que nos alojábamos era netamente turístico y no de negocios, por lo que en el cuarto no había escritorio ni sillón donde sentarse, solo dos camas.

Lo invité a que dejara sus cosas sobre mi cama y a que se sentara. Al hacerlo, la mitad de los tubos que traía cayeron al piso; me agaché para ayudarlo a levantarlos y, sin intención, mi brazo rozó sus piernas peludas, produciéndome un grado de excitación tremendo. Haciéndome el distraído y con la idea de apoyar una mano sobre la cama para ayudarme a incorporarme, la terminé apoyando sobre su muslo… Noté que Alan permaneció inmóvil.

—Uy, disculpame —dije.

Alan no respondió.

—Dale, mostrame si querés —dije, pensando en el doble sentido de lo que le estaba diciendo, aunque, claramente, él lo circunscribiría a los planos.

Alan se incorporó y comenzó a desplegar los planos sobre la cama y a explicarme.

Estiré mi brazo derecho para señalar algunas cosas e, intencionalmente, lo rocé con el suyo. Me incorporé y el nudo de mi toallón se deshizo, dejándome desnudo y en medio de una situación bastante incómoda.

—Uy, disculpame —dije.

Sorpresivamente y superando cualquier fantasía que jamás pudiese haberme imaginado, Alan dijo:

—Tremendo ganso el que te cuelga entre las piernas.

Desbordado por su comentario y sin decir nada, me agaché para levantar el toallón y cubrirme nuevamente, quedando de espaldas a él. No habiéndome recuperado de la primera sorpresa, me volvió a sorprender, apoyando sus manos sobre mis glúteos.

Giré y comencé a incorporarme, quedando parado frente a él. Alan agarró mi pene con su mano, tiró de él, obligándome a que me acercase y haciendo que mi miembro quedase a un centímetro de su boca. Levantó su mirada para observarme a los ojos y, sin más trámites, comenzó a mamar mi chota.

—Uy, boludo… esta sí que no me la esperaba; jamás me lo hubiese imaginado —dije.

—Yo sí que lo imaginé muchas veces desde el día en el que los conocí; a vos y a tu socio —contestó Alan.

—Boludo, Ramiro está en la ducha, sale del baño y se arma… es un mata putos mal —comenté.

—Terminan siendo los mejores para llevarlos a la cama —dijo Alan, dejando en claro que tenía mucha experiencia en el tema.

234

Quité mi pija de su boca y me arrodillé entre sus piernas, dejando mi cara a la altura de sus genitales. Apoyé mi mano sobre su bulto, bajé el cierre de su bermuda y comencé a buscar su miembro, que ya estaba semi erecto, y lo metí en mi boca, notando como, rápidamente, comenzaba a alargarse y a engrosarse.

No sabía el motivo, pero siempre imaginé que Alan portaría un pene de tamaño promedio y ciertamente estaba equivocado por completo, ya que su glande era realmente grueso y su tronco mediría unos diecinueve centímetros.

Lo saqué de mi boca y comencé a lamer sus bolas, para regresar hasta esa cabezota preciosa.

—Tremenda cabeza —dije.

Sin decir nada, Alan apoyó ambos brazos sobre la cama, relajándose y mirándome a los ojos, con un gesto de morbo total. Aún escuchaba el ruido del agua que caía en el baño y estaba nervioso por la reacción que podría tener Ramiro al salir y al ver la escena, pero la tentación de estar arrodillado frente a Alan fue más fuerte.

Desabroché el botón de la cintura de su bermuda y los botones de su camisa, dejando descubiertos su abdomen y pecho peludos. Alan se dejó caer hacia atrás, como entregándome su cuerpo para que lo trabajase a voluntad. Fui con mi boca hacia su pija y comencé a mamársela nuevamente, succionándola desenfrenadamente y arrancándole algunos gemidos. Levantó un brazo y, poniendo una mano detrás de mi nuca, comenzó a manejar el ritmo, cosa que me excitó sobremanera.

Pude escuchar que Ramiro cerraba el grifo de la ducha y, de reojo, pude ver a través del espejo del baño que salía de la ducha, se secaba y que, tal como lo había hecho yo, se ponía un toallón en la cintura, lo que le daba un aspecto extremadamente atractivo.

Salió del baño y, al ver la escena, quedó literalmente petrificado… Yo, arrodillado frente al agrimensor y practicándole flor de mamada.

—¿Qué mierda están haciendo? —gritó Ramiro.

—¿Qué pensás que estamos haciendo? —respondí, quitándome la pija de Alan de la boca y con tono sarcástico.

Se acercó a su cama y se sentó en el borde, atónito y desconcertado. Alan permanecía mudo, sin decir una palabra, con su miembro completamente erecto y yo, arrodillado entre ambas camas, mirándolo a Ramiro.

—Perdón, pero ustedes dos están en pedo… ¡Resulta que ahora tengo un socio trolo! ¡Dejate de joder! —exclamó Ramiro enojado, y agregó— yo me visto y me voy.

Sin decirle nada, giré y comencé nuevamente a mamarle la pija a Alan.

Después de todo, lo que le sucediera a Ramiro o lo que pensase sobre mi orientación sexual era problema suyo, no mío; aunque era cierto que yo no le había dado opción como para evitar que nos viera… El pobre salió del baño y se encontró frente a una escena que, seguramente, hubiese preferido evitar y que jamás en su vida la hubiese imaginado.

A pesar de lo que había dicho, casi gritándonos, noté que Ramiro no se movía y que se había quedado en su cama observando el festín que yo me estaba dando con la pija de Alan.

Giré mi cuerpo, dejándolo paralelo a las camas, para poder observar de reojo a Ramiro, a quien miré haciéndole gestos morbosos, intentando transmitirle el place que me producía el hecho de tener el pene de Alan en mi boca.

Noté que por debajo del toallón, su miembro comenzaba a crecer y clavé mi mirada allí, para dejarle claro que lo había notado.

—Veo que se te fue el enojo rápidamente —dije.

—¡No seas pelotudo! —dijo Ramiro, con tono de enojo.

—Bueno, aparentemente, entre vos y tu pija hay diferencia de opiniones —dije.

Dejé la pija de Alan, me di vuelta y, mirándolo a los ojos, dije:

—No seas tonto.

Estiré mi brazo, tomé su toallón por la cintura y deshice el nudo, dejándolo desnudo frente a mí. Sin darle tiempo para que reaccionara, tomé su pene, que se encontraba casi completamente erecto, y lo metí en mi boca. Ramiro intentó alejarme, pero me mantuve firme, hasta ver que, tal como había hecho Alan, apoyó ambas manos sobre la cama y comenzó a entregarse.

—¡Cómo podés! —exclamó Ramiro, agregando— sí que lo tenías bien guardado, ¿eh? ¿Desde cuándo te gusta chupar pijas?

—Me gusta el sexo en todas sus variedades y lo disfruto desde siempre —dije, mirándolo a los ojos desde abajo y refregándome su miembro por la cara.

—A mí también me gusta, pero no ando chupando pijas —dijo Ramiro.

—Por ahora… —respondí.

Comencé a sobarle las bolas y el glande; lo metía y lo sacaba de mi boca, lo olfateaba, me lo comía nuevamente, hasta que pude sacarle su primer gemido de placer y noté que, lentamente, cedía a entregarme todo lo que tenía para mi diversión.

Ahí estaba yo, arrodillado en el suelo, mamando la hermosa pija de mi socio, con quien había compartido muchos años de vacaciones y con quien me había generado infinidad de fantasías, clavándome muchas pajas pensando en él y, detrás de mí, otro hermoso ejemplar que aguardaba sentado en mi cama.

Continué disfrutando a Ramiro, atreviéndome lentamente a ir más allá de su miembro, mientras que observaba de reojo a Alan, quien había comenzado a masturbarse y que parecía estar disfrutando del espectáculo que tenía frente a él.

—Uf, conchudo… La mamás increíble… La hija de puta de Ana no me la mama nunca y hace como dos semanas que no la pongo —dijo Ramiro.

Sus palabras me hicieron percatarme de que, a pesar de la confianza y de tanto tiempo compartido, jamás habíamos mantenido una conversación acerca de la intimidad con nuestras respectivas mujeres y Ramiro lo estaba haciendo justo ahora, con su miembro dentro de mi boca y con otro tipo desnudo a un metro de distancia.

Si habíamos llegado a ese punto, no perdería la oportunidad

de ir por más, e intentaría que estos machos me taladrasen el orto y, de ser posible, intentaría taladrárselos a ellos. Tenía la sospecha de que, para Alan, no resultaría nada novedoso.

Dejé el miembro de Ramiro y giré hacia Alan, prendiéndome nuevamente delante de su miembro. Ramiro nos observaba haciendo muecas y moviendo la cabeza, haciendo un gesto de desaprobación; no obstante, y tal como lo había hecho Alan previamente, comenzó a masturbarse.

Dejé el miembro de Alan y, mirándolo a los ojos, le pedí que agarrase de mi bolso preservativos y lubricante. Alan se incorporó y yo regresé al miembro de Ramiro.

Ramiro, más relajado y aparentemente excitado, puso sus dos manos detrás de mi nuca y comenzó a empujar mi cabeza hacia abajo, haciendo que su glande llegase hasta mi garganta. Tuve que pedirle que fuera más lento, porque semejante pedazo me produjo arcadas.

Quitó sus manos y dejó que yo manejara la situación, bajando con mi lengua casi hasta su ano, subiendo por sus bolas, metiéndomelas en la boca y chupándole la pija. La mía estaba como mástil y, para evitar una posible e incontrolable eyaculación, no quise ni tocarla.

Mientras que seguía dándole al caño de Ramiro, sentí los dedos de Alan, que, llenos de lubricante, comenzaban a recorrer mis glúteos; el muy turro no fue directo a mi ano, sino que comenzó a lubricar mis nalgas, pasando sus manos por entre medio de ellas, rozando mi ano como un maestro y haciéndome desear…

Su pericia me hizo pensar que, seguramente, se debería cular a su mujer muy seguido o que quizá, en la ciudad, existiese algún compañero de ruta con el que se entretenía de vez en cuando; lo que estaba claro es que experiencia tenía y que sabía muy bien cómo hacer el trabajo.

Comencé a mover el culo, a levantarlo y a empujarlo hacia atrás, esperando el contacto con su miembro o al menos con un dedo que comenzara a deslizarse dentro de mí; pero Ala me estaba haciendo desear y enloquecer. Finalmente, sentí que un dedo comenzaba a deslizarse dentro de mi ano…

Semejante previa me había dejado listo para recibir directamente su caño; un dedo no era suficiente, quería su miembro entero dentro de mí. Alan metía y sacaba su dedo muy lentamente; después fueron dos y tres… Yo continuaba con la pija de Ramiro dentro de mi boca y empujando mi culo hacia atrás, suplicando por ser penetrado, mientras que comencé a emitir gemidos de placer.

Por fin, el turro se decidió.

—¿La querés, papi? —preguntó.

—Entera y hasta el fondo —contesté, sacando de mi boca el pene de Ramiro.

Vi que Alan calzaba un preservativo en su pija, lo lubricaba bien y, sin prisa, actuando como un macho maduro que sabía lo que hacía. Me tomó por detrás de la cintura y apoyó su enorme glande en mi ano, moviéndolo con su mano, pero sin presionar. Yo lo observaba a través de un espejo que estaba enfrentado a las camas, su cuerpo lleno de pelos, parado detrás de mí y su miembro perdido entre mis nalgas a punto de sodomizarme. Creí volverme loco, no daba más, necesitaba ese tronco dentro de mí.

Corrí mis rodillas hacia atrás, acercándome a él, y empujé mi culo hacia su pija; pude sentir como muy lentamente ese hermoso hombre comenzaba a meterse dentro de mí. Con su cabezota abriéndome el ano, empujó suavemente, pero sin pausa, logrando que todo su tronco se deslizara, metiéndomela hasta las bolas.

—Uy, boludo, no termina más de entrar —exclamé.

Creí que me desmayaba de placer sintiendo esa pija dentro de mí y teniendo la de Ramiro en mi boca.

Alan comenzó a bombearme lentamente y con un ritmo parejo, sacándomela casi completamente y volviéndomela a enterrar hasta el límite. Era un maestro; los movimientos precisos y justos de su pelvis, dando la profundidad y la velocidad necesaria como para hacerme gozar al límite…

Parecía como si hubiésemos garchado toda la vida juntos, como si supiera el lugar exacto que debía tocar… Fue la primera vez en la que no supe si iba a largar un chorro de leche sin tocarme o cuánto más podría aguantar con esa tremenda cojída que me estaba pegando.

Ramiro se incorporó y se puso a mi lado para poder observar cómo el tronco de Alan entraba y salía de mi ano, mientras que yo gozaba como perra en celo.

—No puedo entender cómo podés disfrutar cuando te están enterrando una pija en el orto —comentó Ramiro.

—¡Y no sabés cómo se disfruta! —contesté.

Con la clara intención de darle un beso, Alan intentó tomar la cabeza de Ramiro con una mano para atraerlo hacia él, pero

Ramiro no lo permitió.

—Vení, boludo, dame un beso —dijo Alan.

—Ni en pedo —contestó secamente Ramiro.

La situación me elevó a un grado de calentura en el que quería más; quería todo junto y ya. Atrapé con mis brazos las piernas peludas de Ramiro y comencé a chupárselas todas, subiendo desde sus pies hasta su miembro; lamí sus bolas como si fuesen bochas de helado… Quería probar su pija en mi orto y, basándome en el comentario que había hecho sobre las dos semanas transcurridas sin que la pusiera, imaginé que sus huevos deberían estar cargadísimos de esperma.

Le pedí a Alan que me dejase incorporar y me acosté boca arriba en la cama, apoyando mi cabeza sobre la almohada. Quería verlos de frente, quería deleitarme con esos cuerpazos peludos y esas tremendas pijas delante de mí.

—Arrodillate en frente de mí y metémela —le pedí a Alan.

—Lindo… Te gusta patas al hombro —dijo Alan.

—Me gusta cualquier posición en la que pueda verle la cara al macho que me penetra —contesté.

Elevé mis piernas rodeándole su cintura y levanté bien la cola para que Alan me la pudiese enterrar nuevamente. Ramiro permanecía parado a nuestro lado, sin dejar de tocarse la pija, que se mantenía dura y firme.

¡Qué espectáculo ese pecho rubión y peludo con la barbita candado! Alan no se hizo rogar; apoyó sus manos sobre mis muslos, posicionó su glande en la entrada de mi ano y, fácilmente, se deslizó dentro de mí. Nuevamente, comenzó a

242

bombearme con total pericia, aunque, esta vez, de una manera más salvaje.

—Vení, nabo, dame tu caño —le dije a Ramiro.

Ramiro se acercó a la cama y puso su miembro a la altura de mi boca.

—No, pa, vení acá —dije, indicándole para que se sentara sobre mi pecho para darme verga de frente.

Ramiro subió a la cama, posicionó un pie a cada lado de mi torso y se sentó sobre mí, metiendo su miembro dentro de mi boca. Mágica la imagen que tenía frente de mí. Las piernas de Ramiro dobladas al lado de mi torso, que le marcaban los cuádriceps, su pelvis peluda frente a mi cara, su torso peludo y erguido y las manos de Alan que aparecieron por detrás y que comenzaron a acariciar los pectorales de Ramiro. ¡Increíble! Un regocijo para la vista.

Le pedí a Ramiro que se incorporase y, al hacerlo, quité mis piernas de la cintura de Alan y le pedí que me sacara su pija.

Le indiqué a Alan que se acostase boca arriba, le quité el preservativo y comencé a mamársela salvajemente, quedando de rodillas y con mi cola bien parada.

Ramiro permaneció parado nuevamente al lado de la cama, tocando su tronco que estaba durísimo y que era más grande que el de Alan.

—Dale bolas, dijiste que hace mucho que no la pones… Si Ana no te la mama nunca, imagino, que menos debe entregarte el orto; acá tenés la oportunidad, sacate las ganas —dije.

Después de todo, bocas son bocas y culos son culos…

¿Qué importa si es el de una mina o el de un flaco? Gozá y pasalo bien… —Insistí, mirándolo fijamente a los ojos.

Sin responderme, se calzó un preservativo, llenó de lubricante su miembro y se paró sobre la cama, detrás de mí. Yo tenía el culo tan dilatado por la faena que se había mandado Alan, que no me preocupé por lo que pudiese hacer Ramiro.

Sentí como tomó mi cintura con ambas manos, apoyó su enorme glande sobre mi ano y deslizó su torso sobre mi espalda, hasta llegar con su boca al lado de mi oído.

—¿Querés sentir lo que es realmente que te llene un macho… socio? —dijo Ramiro.

Sus palabras hicieron que mi ano dilatado, ardiente y deseoso comenzara a latir.

—Sí, bestia, dame pija como imagino que sabés hacerlo —contesté, distendiendo mi ano lo más posible, pensando que el jueguito de palabras haría que Ramiro me la enterrase de un empujón y sin rodeos.

Como lo había hecho Alan previamente, Ramiro se hizo rogar y comenzó a juguetear con sus dedos alrededor de mi ano, agarrando mi miembro para llevarlo hacia atrás y refregando su pija sobre mi ano. Era la primera vez que Ramiro agarraba una pija que no fuese la suya y parecía que comenzaba a disfrutar de la situación.

—Por favor, metérmela —dije suplicándole.

—No te voy a hacer desear más —contestó y se dejó caer suavemente, haciéndome sentir que me partiría en dos.

Con la pija de Alan dentro de mi boca, largué un gemido.

244

—¿Querías un macho? Acá lo tenés, no te quejes y comete este caño —dijo, mientras que seguía deslizando sus veintidós centímetros de carne, hasta dejarlos completamente enterrados dentro de mí.

Me sentí inmensamente lleno y lo estaba gozando como loco. Tantos veranos en la playa viéndolo en cuero e imaginándome todo tipo de fantasías y, finalmente, lo tenía dentro de mí.

—¿Te gusta? —preguntó Ramiro.

—Seeee —respondí.

Realmente, no podía pensar y mucho menos hablar.

Tomó mi cintura con ambas manos y comenzó a moverse cada vez más rápido. A diferencia del bombeo que me había pegado Alan, los movimientos de Ramiro eran bien cortos, por lo que su pija nunca dejó de darme tregua; tuve ese caño infernal dándome permanentemente y masajeándome la próstata, hasta que sentí que me venía sin control.

—Sacámela un poquito y mira qué rico lo que hago —dije, dirigiéndome a Ramiro.

Ramiro retiró su pene de mi ano y quedó recostado al lado de Alan. Comencé a recorrer el abdomen de Alan con mi lengua, recolectando cada gota de semen que había dejado depositada allí.

—No podés ser tan asqueroso —dijo Ramiro.

Lo miré a los ojos sin decir nada. Con mi lengua afuera de mi boca y chorreando crema, miré a Alan y comencé a acercarme hacia su boca; sacó su lengua y humedeció sus labios,

245

indicándome que estaba dispuesto a recibirme. Lengüeteé sus labios, llenándolos de semen; Alan comenzó a chupar mi lengua y terminamos fundiéndonos en un hermoso y profundo beso blanco.

—No pueden ser tan asquerosos —repitió Ramiro.

Bajé con mi boca nuevamente hacia su panza, para recolectar lo que había quedado enredado entre sus pelos y regresé a su boca para compartirlo con él.

—Vení que te la limpio —dijo Alan.

Acerqué mi miembro a su boca y comenzó a mamármelo, exprimiéndome hasta la última gota de semen remanente.

El grado de placer que estaba experimentando me descontroló; mi ano había sido bombeado por una de las pijas más lindas y enormes que había visto y, aun así, quería más. Compartir semen con Alan y, a centímetros de nuestras caras, tenerlo a Ramiro, diciéndonos que éramos dos asquerosos, me generó más morbo aún.

Alan y Ramiro, como si fuesen adolescentes en medio de la ebullición hormonal, permanecían con sus miembros erectos.

Tomé un preservativo de la caja y lo coloqué en el miembro de Alan; me puse en cuclillas sobre su pene y comencé a descender. Esta vez, se deslizó dentro de mí sin que mi ano ofreciera resistencia alguna; me la enterré hasta el fondo sin problemas ni dolor. Me acosté sobre su pecho y levanté bien la cola, sin dejar que su miembro saliera de mi culo y le pedí a Ramiro que intentara metérmela por detrás.

—Pero… ¿Vos estás en pedo? —dijo Ramiro.

—No, boludo, ponete detrás de mí, apoyala al lado de la de Alan y bien despacio, comenzá a presionar —le indiqué.

—No se puede —insistió Ramiro.

—Parate en la cama, ponete en cuclillas e intentalo —dije, casi como ordenándoselo.

Ramiro no tenía la menor idea sobre la experiencia que yo venía acumulando con otros machos y jamás podía imaginarse que hacía poco tiempo había logrado ser penetrado por tres flacos al mismo tiempo.

—Vos estás loco —agregó, subiéndose a la cama y haciendo lo que le había indicado.

Sentí las manos de Ramiro que se posaban sobre mi cintura, mientras que se ponía en cuclillas por detrás de mí. Comencé a besar a Alan y percibí que el glande de Ramiro comenzaba a puertearme; me concentré en la boca de Alan y en relajar mi ano.

Ramiro agarró con una mano la pija de Alan y la sacó de mi ano; apoyó la suya y me penetró hasta el fondo. Luego de un par de bombeos, la sacó y volvió a guiar el pene de Alan hacia mi ano. Alan elevó su pelvis y me penetró nuevamente. Pude sentir un hilo de frío gel que caía sobre mi culo. Ramiro estaba lubricando nuevamente mi ano, el caño de Alan y el suyo.

—Ahora sí, preparate y veamos si se puede —dijo Ramiro.

Me enfoqué en el placer y en distenderme, para lograr que estas dos bestias me garcharan sin sufrir ningún tipo de trauma. Ramiro apoyó las dos cabezas juntas y comenzó a presionar.

—Despacio, despacio —dije.

Alan me inmovilizó por delante, empujándome hacia abajo y, haciendo un movimiento de elevación con su pelvis, logró enterrármela junto a la de Ramiro, que, sosteniéndome por la cintura, presionó su tronco para introducirse dentro de mí.

Les supliqué para que se quedasen por un momento quietos y lo hicieron… Luego de unos segundos, Ramiro continuó presionando, logrando introducir su miembro entero dentro de mí. Alan permaneció casi inmóvil, solo haciendo un pequeño movimiento de pelvis, mientras que Ramiro comenzó a moverse con más energía. Me sentí totalmente dominado y entregado a ellos.

Nuestros gemidos comenzaron a cruzarse y la excitación fue en aumento.

Recostándose sobre mi espalda, Ramiro hizo que mi torso se uniera con el de Alan; quedamos los tres tendidos, uno sobre el otro; mi cara pegada a la de Alan y la de Ramiro próxima a mi nuca. Lamí la cara de Alan, limpiando las gotas de sudor que corrían por su barba medio crecida y las gotas de semen que habían quedado enredadas en su barbita candado.

El roce de sus dos pijas, que se mantenían bien apretadas por mi ano, los había llevado a un estado de calentura extrema.

—Uy, boludo… tremenda sensación de sentir tu pija rozándose con la mía —dijo Ramiro, dirigiéndose a Alan.

Seee… Dejame salir que me pongo detrás tuyo y te emperno… Ahí sí que vas a saber lo que es gozar —contestó Alan.

—Ni lo sueñes —respondió Ramiro.

—Denme pija… me encanta… cójanme bien cojido… quiero que me llenen de carne y de leche —dije, interrumpiendo su diálogo.

El incremento de las embestidas y la respiración más acelerada me indicaron que estaban a punto de acabar y ese final lo quería con moño.

Le pedí a Ramiro que me la sacara y elevé mi culo para sacar la pija de Alan de mi ano.

—Párense juntos —les pedí.

Me senté en la cama, les quité los preservativos y comencé a mamarles las pijas uno a uno; por momentos, metiéndome las dos juntas en la boca, mientras que con mis manos recorría sus panzas y sus piernas velludas y sudorosas. Embadurné mis manos con gel y comencé a jugar entre sus glúteos, una mano en cada culo.

Intenté introducirles un dedo. Ramiro se resistió y, para impedírmelo, giró su cuerpo; Alan no ofreció resistencia y me permitió que se lo introdujera bien profundo, por lo que pude comenzar a masajear su próstata.

—Uy, *man*… una rica mamada y simultáneamente, un masaje de próstata ¡es lo más! —dijo Alan.

Ramiro lo miraba como sorprendido. Evidentemente, no sabía sobre el placer que Alan estaba experimentando en ese momento, con la yema de mi dedo mayor presionando sobre su punto más sensible.

Alan apoyó un brazo sobre el hombro de Ramiro y puso

su otra mano por detrás de mi nuca, obligándome a tragar más profundamente su miembro. Escuché un fuerte gemido y comencé a sentir el sabor de su semen, que, estimulado por el masaje que continuaba haciéndole, comenzó a fluir, llenando mi boca, escapándose por la comisura de mis labios y deslizándose hacia mi barbilla.

—Uy… mirá cómo le llenaste la boca de leche —dijo Ramiro— y vos lo saboreas como si fuera dulce, boludo —agregó.

Miré a Ramiro morbosamente, sacando mi lengua cubierta de semen y continué mamándole la pija a Alan, exprimiéndole hasta la última gota.

—Vení acá que te doy dos semanas acumuladas —dijo Ramiro, metiendo su pija en mi boca.

La succioné un par de veces y, acompañado de un grito, comenzó a eyacular un río espeso y caudaloso de esperma que, literalmente, hizo que me atragantara.

—Seee, socio… chupe, chupe… cómo me vas a satisfacer en la oficina cada vez que esté caliente, hijo de puta; mirá todo lo que tenía acumulado, tragátela, tragátela —dijo Ramiro, medio descontrolado y temblando por los espasmos que invadían su cuerpo.

La manera en la que agarró mi cabeza no me permitió hacer otra cosa más que tragarme todo lo que salió de su glande.

Alan, que había percibido el descontrol de Ramiro, lo tomó fuertemente de la nuca y acercó su cara hacia la de él. Ramiro intentó esquivarlo, pero Alan, que lo tenía fuertemente agarrado, logró arrancarle un beso.

—Pará, boludo —dijo Ramiro, con tono enojado.

Habiendo exprimido completamente a Ramiro, regresé al miembro de Alan. Uno a uno, intercalando entre las dos pijas, las dejé secas. Mi cara quedó completamente cubierta de semen. Alan acercó su cara y comenzó a limpiar la mía con su lengua, intercalando con morbosos besos blancos que comenzamos a darnos.

Ramiro quedó sentado a nuestro lado, observando la comida de boca que nos estábamos pegando. Ambos lo miramos de reojo, como invitándolo a participar, pero permaneció alejado, con su miembro aún erecto y tocándolo con su mano.

Junto a Alan, continuamos inmersos en un estado de morbo total, intercambiando semen de una boca a la otra, chupándonos las lenguas, recorriendo nuestros rostros, limpiándonos las gotas de semen y de transpiración, sintiendo nuestras barbas que nos raspaban y que parecían sacar chispas.

Nos habíamos olvidado de la presencia de Ramiro, hasta que escuchamos un nuevo gemido y vimos que un nuevo chorro de semen brotaba de su glande. Sin demoras, nos acercamos y comenzamos a chupar su pija, como peleándonos para ver quién se la quedaba como premio. La mantuvimos atrapada entre nuestros labios, y comenzamos a masturbarlo, haciendo presión uno contra el otro.

Ramiro fue presa de una situación que no esperaba y de un estado de calentura extremo que no pudo controlar.

Se dejó caer de espaldas sobre la cama y, sin dejar de masturbarlo con nuestras bocas, elevamos sus piernas y, untando mis dedos con gel, fui hacia su ano y con mi dedo mayor lo penetré, dirigiéndolo directo a su próstata.

—¡Pará, boludo! —gritó Ramiro, que apretó fuertemente mi dedo con su ano.

Sin hacerle caso, comencé a presionar y a masajear su próstata, viendo que su rostro se ponía cada vez más colorado y transpirado. Alan dejó su miembro y fue hacia su boca para comenzar a besarlo. Ramiro nuevamente intentó evitarlo, pero esta vez, preso por el placer, terminó cediendo.

Me dio mucho morbo el ver a mi socio por primera vez en un estado de sumisión casi absoluto. Continué masajeando su próstata y mamándole la pija, hasta sentir que mi boca era nuevamente invadida por su esperma.

Dejé su miembro y fui con mi cara al encuentro de la de ellos, para descargar sobre sus bocas el esperma de Ramiro, que, con un gesto de repulsión, intentó evitarlo, no pudiendo impedir que mi lengua y la de Alan introdujesen en su boca su propio semen.

Terminada semejante cojída, quedamos recostados uno al lado del otro. Ramiro, aún con el rostro colorado y tensionado; Alan y yo, distendidos y esbozando una sonrisa.

—Hermoso —dije.

—Uf, hacía rato que no hacía algo así —dijo Alan.

—Ustedes están locos… Son muy asquerosos —dijo Ramiro.

—Me encantó, lo pasé espectacular y espero que se repita —dijo Alan.

—Esta noche podemos invitarlo a Alan para que se quede a dormir y me los garcho a los dos —dije en tono de broma.

—En tus sueños —dijo Ramiro.

—Quién sabe… —dijo Alan, dándome a entender que seguramente ya lo había experimentado.

—Olvidate, forro —dijo Ramiro, reafirmando su negativa.

—No sé… Nunca digas nunca —respondí.

Alan se vistió, quedamos en que nos contactaríamos al día siguiente y se fue. Ramiro se fue a duchar nuevamente y yo hice lo propio.

Al regresar, lo vi desnudo, tendido boca arriba en su cama, con los ojos cerrados. No pude resistirme a la tentación de mamársela nuevamente.

No dijo nada y dejó que hiciera lo que quisiera con su pija. Continué mamándosela, hasta lograr que se viniera nuevamente dentro de mi boca.

Me resultó increíble que, a pesar de las dos semanas de abstinencia, tuviese tanta energía sexual como para que, en el lapso de dos horas, hubiese podido acabar cuatro veces.

Noté que Ramiro comenzaba a quedarse dormido. Permanecí jugando con su miembro y con mi boca aún impregnada con el sabor de su semen; apoyé mi cabeza sobre su pecho y también quedé dormido.

Capítulo XV
— Visita al Doc. —

Como era habitual a esta altura del año, concurrí a los consultorios que poseía mi servicio de medicina prepaga para hacerme los chequeos médicos de rutina.

Un amigo me había recomendado a un médico clínico al que consultaría, por lo que era la primera vez que nos veríamos.

Realicé los trámites y me senté a esperar mi turno en un asiento que daba de espaldas a la puerta del consultorio, por lo que me resultaba imposible ver hacia adentro cada vez que se abría la puerta cuando entraba o salía un paciente.

Finalmente, llegó mi turno; me incorporé, me dirigí a la puerta y, al abrirla, automáticamente, se me aceleraron las pulsaciones... A este tipo lo conocía de vista, ya que en varias ocasiones en las que había estado esperando para ser atendido por otros médicos, lo había cruzado en los pasillos y, en cada ocasión, se me habían ido los ojos, pero nunca supe cuál era su especialidad; solo sabía que me había calentado mal...

El doc. medía aproximadamente un metro ochenta y cinco, pelado, brazos bien peludos, serio, robusto... Lo necesario como para que mi libido se alborotase inmediatamente...

Me dio la mano y comenzamos a charlar... Mientras que le comentaba el motivo de mi visita, intenté no quitarle la mirada de sus ojos y solo la desvié para llevarla hacia su pecho o hacia sus brazos...

Me pidió que me acostara en la camilla para revisarme.

Mientras que él permanecía en el escritorio llenando papeles, me recosté sobre la camilla y bajé bien la cintura de mi pantalón por debajo de mi cadera, dejando el elástico del *bóxer* al límite de la ingle.

Se acercó y levantó mi remera, dejando al descubierto mi panza, y comenzó a revisarme. En cuanto apoyó una mano sobre mi abdomen, sin poder evitarlo, comencé a tener una erección. Teniendo la cintura del *bóxer* y de la bermuda tan abajo, no hubo manera de ocultar lo que me estaba sucediendo...

En ese momento, no supe si se hizo el boludo y no me dijo nada como para no incomodarme o si, realmente, no se había dado cuenta de mi estado... Permanecía parado al lado de la camilla, haciendo el recorrido con sus manos en la zona de mi ombligo, y su bulto había quedado posicionado muy cerca de mi cara.

Sentí que comenzaba a bajar las manos y me inquieté, sabiendo que resultaría inevitable ocultar mi estado.

—Veo que andamos calientes como el día —dijo, haciendo referencia a mi erección.

Realmente no supe qué decir. Me resultaba una situación vergonzosa el estar teniendo una erección frente a un médico a quien acababa de conocer.

—Disculpame, no sé qué me pasó… En verdad, es medio extraño el estar contándote esto, pero es que hace unas semanas que no la pongo; imagino que, al tocarme esa zona, sumado a la abstinencia, hizo que me excitase.

—O sea que te excité —comentó sonriendo y agregó— relajate, a cualquiera le puede suceder.

Sospecho que, adrede, siguió revisándome esa zona y acercó su bulto hacia mi cara. Claramente, él también comenzaba a tener una erección y su pene comenzaba a marcarse bajo el pantalón.

—Veo que vos también te pusiste duro —dije, y tirándome a la pileta, agregué— evidentemente, algo te excitó.

Arriesgándome a que me sacara a patadas en el orto del consultorio, me animé a ir por más.

—Bajate el cierre que te pego una buena mamada para aliviarte —dije.

Sin mediar respuesta, fue hacia la puerta, verificó que estuviese bien cerrada y regresó abriéndose la bragueta del pantalón y dejando su enorme pedazo de carne semi erecto al lado de mi cara.

—Toda tuya; aliviame rapidito que tengo más pacientes —dijo fríamente.

Sin dudarlo, agarré con una mano su pija y la escupí; me calcé en la boca solo su glande y comencé a recorrerlo con mi lengua. El doc. avanzó hacia mí, haciendo que su pija entera llegara hasta mi garganta. Comencé a sobársela bien despacio, disfrutándola y sintiendo cómo crecía y cómo se endurecía dentro de mi boca.

Apoyó sus manos contra la pared y comenzó a darle ritmo a su pelvis para cojerme la boca lenta y profundamente. Sentí que se le había puesto realmente dura y que era grande.

Con la otra mano, comencé a tocar mi miembro, que ya estaba como misil, erecto y por fuera de la cintura de mi *bóxer*.

Intenté desabrocharle los botones de su camisa para ver si su abdomen era velludo, pero me frenó, diciéndome que lo hiciéramos rápido, porque debía seguir atendiendo.

Sus piernas y brazos lo eran… Todo su aspecto me hacía suponer que el torso también debería estar cubierto de pelos, pero no se lo había visto.

El doc. cerró los ojos y comenzó a morder sus labios... Su respiración comenzó a acelerarse notoriamente.

—Ya me tenés a punto —dijo.

No dije nada y continué mamándosela.

—Me vengo… Si la querés tragar, tranqui, que, como médico, te aseguro que estoy sano; si no, la saco ya —dijo.

No respondí y seguí dándole ritmo a la mamada, esperando su jugo.

El doc. mordió su corbata para ahogar un grito y sentí un chorro de semen muy espeso que se depositaba en mi boca. Tragué la primera tanda y rápidamente vino el segundo chorro. Comencé a juguetear con el semen entre mis labios, pasando la lengua de un lado al otro y mirándolo a los ojos.

El doc. me miraba desde arriba y yo abrí nuevamente la boca para que pudiese observar cómo su espesa crema se deslizaba hacia mi garganta, para finalmente tragármela. Tomé nuevamente su pija para seguir exprimiéndosela; quiso alejarse, pero metiéndole una mano sobre la nalga y empujándolo hacia mí, se lo impedí.

Permanecí con su pija en mi boca hasta sacarle la última gota de crema.

Se dirigió hacia un mueble para agarrar papel. Mientras que veía cómo limpiaba su miembro cubierto de semen y saliva y quitaba la transpiración de su frente, aceleré el ritmo de mi mano y rápidamente me vine sobre mi abdomen.

El doc. se acercó y me dio una servilleta con la que quité el semen de mi abdomen y limpié mi miembro; me incorporé para ordenar mi ropa y mis pensamientos. Me acerqué hacia él e intenté darle un beso, pero no me lo permitió.

—Agendá mi celular; si tenés ganas y podés, llamame después del mediodía y arreglamos para hacer algo bien completo esta noche —dijo fríamente, mientras que me pasaba su número y me hacía las órdenes para los exámenes de laboratorio.

Nos saludamos, salí de su consultorio y, mientras caminaba por el pasillo repleto de gente, escuché:

—¡Gonzalo! Vení —gritó el doc. desde la puerta de su consultorio.

Giré y lo miré, como preguntándole qué sucedía.

—Vení que me olvidé de hacerte una receta —dijo.

Regresé medio intrigado y con la mirada de los pacientes que aguardaban para ser atendidos clavadas en mí.

Creyendo que se trataba de eso, ingresé nuevamente al consultorio; cerró la puerta y se abalanzó sobre mí, dejando mi espalda apoyada contra la pared y quitándome toda posibilidad de moverme, me clavó un tremendo beso de lengua, que devolví morbosamente.

—Uy, boludo, cómo te voy a empernar esta noche —dijo.

—Generalmente, me gusta el ida y vuelta —respondí.

El doc. no dijo nada más y abrió la puerta.

Salí nuevamente y, con un poco de vergüenza, como si toda la gente que aguardaba para ser atendida hubiese sabido lo que acababa de acontecer dentro del consultorio, comencé a caminar hacia la calle.

Regresé a casa repasando lo sucedido e intrigado, pensando en el significado de la frase _"Hacer algo bien completo..."_. Por mi parte, estaba claro que le quería chupar hasta los dedos de los pies y que pretendía cruzar mis patas en su cintura para observar su lomo, que imagino era peludo, mientras que me estuviese taladrando el orto...

Sospeché que yo también iba a terminar empernándolo.

Con ese pensamiento, permanecí impaciente porque llegase la hora para poder llamarlo.

Capítulo XVI
— Visita a domicilio —

Pasé lo que quedaba de la mañana observando cómo las agujas del reloj corrían lentamente. La ansiedad por llamarlo no me permitía pensar en otra cosa que no fuese el recordar lo acontecido hacia unas horas en su consultorio, pero sabía que debería esperar hasta pasado el mediodía, ya que Fernando, ese es su nombre, no terminaría con sus consultas hasta esa hora.

Cerca de las dos de la tarde lo llamé.

—¿Qué hacés?, habla Gonzalo ¿Estás ocupado? —pregunté.

—Hola, no, estoy almorzando algo antes de retomar las consultas —contestó.

Me sentí un tanto incómodo, ya que Fernando era bastante parco y serio; creí que, como me había pasado el número para que lo llamase, mantendríamos una conversación más fluida.

—Bueno, decime si querés que hagamos algo, no sé… yo puedo a la tardecita o a la noche, pero si no querés, no hay problemas, todo bien —dije.

—Anotá la dirección y venite a las ocho —dijo fríamente.

—Ok, agendado; cualquier problema que surja te envío mensaje —contesté.

Colgamos y me quedé pensando seriamente en si cancelar automáticamente y dejar lo sucedido en el consultorio como una experiencia más y listo. Fernando me resultaba sumamente atractivo, pero su frialdad no me terminaba de convencer. No me quedaba claro si ese era su carácter permanente o si se trataba de una coraza que utilizaba durante el trabajo y que quizá, después, fuese un tipo más distendido y amable.

Decidí esperar a que transcurriese la tarde y, llegado el momento, definiría si dejaba todo así o si me animaría a ir por más.

A las 18:00 recibí un mensaje de texto suyo, diciéndome que a las siete estaría en su casa y que, a partir de ese horario, fuese cuando quisiera… Su mensaje me dejó claro que, a pesar de su frialdad, era evidente su interés por tener un encuentro conmigo.

Como excusa para disponer de la noche, inventé una improvisada cena con amigos y, siendo las seis y media, me subí al auto para dirigirme hacia su casa.

El mundo es realmente muy pequeño, pensé… Cuando me pasó la dirección, me pareció increíble que viviese a dos cuadras de donde yo había vivido hasta hacía muy poco tiempo; en la casa donde había desvirgado a Martín.

No recordaba habérmelo cruzado jamás por el barrio; de haberlo hecho, difícilmente hubiese pasado desapercibido a mi mirada.

Estacioné en la puerta de su casa, toqué timbre y me abrió la puerta de calle desde el portero. Ingresé y, antes de subir los escalones del *porche*, Fernando abría la puerta, aún vistiendo camisa y corbata.

—Hola —dije.

—¿Qué haces…? Viniste rápido —contestó.

—Sí, vivo cerca y lo increíble es que hasta hace dos años éramos casi vecinos… yo vivía a dos cuadras de acá…

—Mirá vos… —contestó, invitándome a pasar.

Estaba claro que yo lo atraía y que quería garchar conmigo; de lo contrario, no hubiese tenido sentido la invitación, pero Fernando continuaba con una actitud fría y cortante, comportamiento que me desconcertaba.

—Veo que no te di tiempo como para que te pusieras cómodo —dije.

—Recién llego; bancame que me voy a dar una ducha y bajo.

Sin más, subió la escalera, dejándome solo y desconcertado. Imaginé que haría algún comentario sobre enjabonarle la espalda o que me invitaría directamente a subir con él, pero no.

Comencé a recorrer el estar y a observar los portarretratos con fotos donde se lo veía junto a lo que, imaginé, sería su familia. En el poquísimo trato que habíamos mantenido, no habíamos cruzado información personal, por lo que, en verdad, supuse que Fernando quizá fuese una persona separada o que quizá, siquiera, se hubiese casado.

—Mi familia —dijo Fernando, bajando la escalera y haciéndome sobresaltar.

No lo esperaba de regreso tan rápido. Mirando los portarretratos, había quedado perdido en mis propios pensamientos y Fernando ya estaba nuevamente en el _living_, con algunas gotas de agua aún sobre su cara.

—Mirá vos… lindo… ¿Y están separados? —pregunté.

—No, están de vacaciones y yo viajo los fines de semana —respondió, agregando— ¿y vos?

—También casado y con familia, solo que ahora estoy cenando con amigos —dije, dibujando en mi cara una pícara sonrisa.

Se había puesto un _short_ deportivo, un buzo bien fino sin mangas, tipo sudadera, y estaba en patas. No me había equivocado en lo más mínimo en cuanto a lo imaginado en el consultorio sobre las partes de su cuerpo que no había podido ver.

Piernas musculosas y peludas, brazos peludos y, por encima del cuello redondo de la sudadera, asomaba una maraña de pelos que tocaban su nuez. Su barba se veía más oscura que por la mañana… Seguramente, la abundante testosterona de este flaco se la hacía crecer rápidamente.

—¿Una cerveza? —preguntó, con un aire notoriamente más distendido.

—Sí, claro —dije.

Se dirigió hacia la cocina y lo seguí. Abrió la heladera y sacó dos botellitas de cerveza, me extendió una y, acercando la suya hacia la mía, con gesto de brindis, dijo:

—Por la empernada que te voy a pegar.

Lo miré sonriendo y no contesté nada. Sus palabras me sorprendieron, ya que casi sin previo diálogo, me decía esa frase contundente.

Destapamos las botellas, bebimos un sorbo y, agarrándome de la mano, me dirigió hacia la escalera.

Lo seguí como nene obediente y callado. Llegamos a la planta alta, ingresamos en su habitación y, al cruzar la puerta, giró hacia mí y se acercó, obligándome a retroceder, dejando mi espalda clavada contra la pared, en una actitud similar a la que había tenido en su consultorio. Comenzó a besarme salvajemente; pude sentir el sabor semi amargo de la cerveza que se mezclaba con nuestras salivas. Fernando había subido con su botella de cerveza en una mano y, sin que me diese cuenta, había subido su brazo derecho y comenzaba a dejar caer sobre mi cabeza el espumoso líquido.

—Pará, boludo, tengo que volver a casa con la misma ropa —dije molesto.

Sin hablar, comenzó a lamer mi cara, mi cuello y mi pecho, mientras desabrochaba los botones de mi camisa. Sentí que el frío y espumoso líquido caía por mi pecho, mientras que Fernando lo seguía con su lengua para recolectarlo y llevarlo hacia mi boca.

Puso el pico de la botella en mi boca, casi obligándome a beber, y cuando se aseguró de que estuviese llena, volvió a clavarme un beso profundo, haciendo que la cerveza pasara de una boca hacia la otra y la espuma se escurriese por la comisura de nuestros labios.

No había que ser muy lúcido para darse cuenta de que Fernando era un tipo sumamente morboso, experimentado y a quien le gustaba tener el control.

Terminó de quitarme la camisa y se arrodilló para desabrochar la cintura y para bajar el cierre de mi pantalón, que deslizó hacia el piso. Levanté mis pies para permitir que me lo quitase. Tomó mi miembro con su mano vacía, bajó mi _bóxer_ y comenzó a desparramar cerveza por mi pubis, que luego limpió con su lengua, saboreando mi miembro semierecto como si fuese una salchicha alemana.

No lo había imaginado en una actitud pasiva, aunque mi experiencia me demostraba que, aunque el hombre fuese activo con relación a que no se dejase penetrar, no implicaba que no le gustase mamar pijas; es más, los mejores mamadores con los que me había cruzado, justamente, habían sido hombres activos.

Habiendo quedado completamente en pelotas, Fernando apoyó sus manos sobre mis hombros, empujándome hacia el suelo. Me arrodillé, mientras que él se quitaba la sudadera, dejando al descubierto su abdomen y pecho absolutamente poblado de pelos.

Bajé su *short* y su *slip*, para encontrarme con el hermoso miembro que había conocido esa misma mañana. Comencé a mamárselo lentamente, mientras que sus manos se apoyaban en mi nuca, obligándome a que me lo tragase entero y con la otra mano descargaba el resto de la cerveza sobre su pecho, que comenzó a descender entre sus pelos, llegando a su pelvis y entrando como cascada en mi boca.

El sabor de la cerveza y su glande enterrado hasta mi garganta me produjo una sensación de náuseas, por lo que lo saqué de mi boca para poder respirar.

Fernando me obligó a incorporarme y, como pluma, me alzó, dejándome atrapado entre él y la pared. Crucé mis piernas aferrándome de su cintura y, en esa posición, comenzó a caminar hacia la cama, donde me dejó tendido boca arriba.

La situación me trajo inmediatamente el recuerdo de mi primera vez con Matías, durante aquella increíble y añorada etapa en el sur; aquella noche del partido de fútbol, en la que Matías, luego de haberse ido de mi cuarto, había regresado.

266

Pensé que Fernando se tiraría sobre mí y que comenzaríamos una extensa sesión de franeleos y de chupadas mutuas, pero se dirigió hacia la mesa de luz, agarró una caja de preservativos, un frasco de gel y fue directo hacia mi hoyo para lubricármelo. Se puso un preservativo, lubricó su pene y, quedándose arrodillado frente a mí, elevó mis piernas.

Esa posición era mi predilecta; el gozo de verle la cara y el cuerpo al macho que me estuviese empernando era indescriptible e insuperable. Intenté relajarme al máximo, ya que todo indicaba que Fernando no iría despacio y no tendría mucho cuidado en ser amable.

No sé si percibió cierta tensión en mi rostro, pero apoyó el glande sobre mi ano y comenzó a jugar amablemente, sin presionar. Aunque el bombeo no había comenzado, su cara estaba empapada en sudor y en cerveza.

—¿Te la vas a comer toda, papito? —dijo, con una sonrisa perversa dibujada en su cara, y agregó— No sabés cómo me quedé esta mañana en el consultorio pensando en todo lo que te iba a hacer.

—¿Qué me vas a hacer, papi? —pregunté, medio temeroso por su respuesta.

Sin que respondiese nada, inmediatamente sentí la presión que su glande comenzaba a ejercer sobre mi ano y me di cuenta de que la previa había finalizado. Cerró sus ojos y dejó que su torso comenzara a caer sobre mí. Sentí que su pene comenzaba a deslizarse dentro de mí; puse las palmas de mis manos sobre su pecho para intentar frenar su caída. Fernando hizo un movimiento con su pelvis y logró enterrármelo hasta las pelotas.

—Seee… Tomá —exclamó.

—Vení, vení —le dije, agarrándolo de la nuca, para atraer su cara hacia mí.

Quería que su pecho peludo quedase recostado sobre el mío y que me besara salvajemente para llevarme hacia una distensión plena. Comenzamos a comernos las bocas. Elevé más mi culo para poder atrapar mejor su cintura con mis piernas y permitir que su miembro entrase en mi ano hasta el último milímetro.

Permanecimos unos minutos en esa posición, casi inmóviles y comiéndonos las lenguas, hasta que Fernando se incorporó y comenzó a bombear, cada vez más intensamente. Se escuchaba el sonido que producían sus cuádriceps al chocar contra mis glúteos en cada embestida.

—Poné más lubricante que me está doliendo —dije.

Fernando sacó su miembro y lo embadurnó con lubricante; puso un poco más en mi ano y nuevamente, me penetró hasta las pelotas. Continuó con el bombeo y noté que su miembro entraba y salía fácilmente, sin que yo sintiese alguna molestia; todo era placer y gozo.

Cruzó mis piernas con sus brazos y aceleró el ritmo del bombeo. Vi su cara colorada, sus venas hinchadas y una expresión de loco total. Mi pene estaba a punto de explotar y, con la esperanza de poder retribuirle el favor, no lo toqué.

—¿Querés leche? —preguntó.

—Sí, doc. dame leche —respondí.

Dejó de cojerme y se quitó el preservativo. Creí que acercaría su miembro hacia mi cara para descargar su semen, pero no lo hizo. Para mi sorpresa, elevó nuevamente mis piernas y me penetró a pelo.

—Pará, sacala —dije enojado al darme cuenta de lo que estaba haciendo.

—Quedate tranquilo que estoy sanito y vi tu historia clínica, por lo que sé que también lo estás —dijo, dejándome mudo y sin argumentos.

Cerré mis ojos y me entregué al placer.

Sentí que comenzaba a besarme nuevamente y que pasaba hacia mi boca una pastilla. No me había dado cuenta cuándo fue que la había agarrado, aunque eso ya no importaba demasiado. La realidad fue que me la estaba haciendo tragar, sin que yo pudiese hacer nada al respecto.

Abrí mis ojos y lo miré, como preguntándole qué estaba haciendo.

—Quiero que la tengas bien dura, nene; no te preocupes que la pastilla no te va a hacer nada más que irrigarte bien la chota —dijo, como habiendo comprendido perfectamente mi mirada.

Continuó con el bombeo por unos minutos más. Su cuerpo estaba empapado en sudor e irradiaba testosterona por todos sus poros.

—Me vengo, me vengo —gritó.

Su cara parecía a punto de estallar. Comencé a sentir los espasmos que se producían en su cuerpo, como respuesta a cada eyaculación y a cada chorro de semen que dejaba dentro de mí. Gritaba como jamás había escuchado gritar a nadie en una cama.

Aunque me había convertido en un espectador y actor privilegiado de semejante espectáculo, intenté pensar en otra cosa; de lo contrario, me resultaría imposible no venirme en seco.

Fernando continuó bombeando, cada vez más lento, hasta que finalmente sacó su chota de mi ano. Empujo mis piernas, haciendo que mis rodillas tocasen mi pecho y que mi culo quedase bien parado. Vi desaparecer su cabeza por entre mis piernas y sentí que su lengua comenzaba a recolectar cada gota de su propio semen que salía lentamente de mi ano.

Comenzó a subir por mi pelvis y por mi pecho, hasta llegar a mi boca, donde dejó depositado todo el néctar recolectado en su exploración.

Nos fundimos en un morboso beso blanco, mezcla de sabor a semen, con cerveza y con olor a hombre.

Reí de los nervios, sin decir una palabra.

—Tu chota es un cañón —dijo Fernando.

—Un cañón a punto de estallar; lo tocas y explota —respondí.

—No, pará, pará… déjamelo disfrutar un poquito.

No me quedaba claro qué quería hacer; si me la iba a mamar hasta que explotase dentro de su boca o si quería que me lo cojiera.

Se incorporó, tomó el frasco de lubricante, untó mi miembro y su orto. Se puso de cuclillas sobre mí y comenzó a descender, enterrando mi miembro entero en un solo intento.

—Uy, por Dios; sí que es grande —exclamó.

Comenzó a subir y a bajar rítmicamente. Su pija estaba nuevamente dura como un fierro. Iba por su segundo polvo en el día y, claramente, la pastilla estaba surtiendo efecto.

Ver su cuerpo peludo, comiéndose mi pija con el orto, con su miembro absolutamente erecto, con una actitud bien de macho, pero disfrutándolo como una puta, hizo que no tuviese más margen de espera.

—Me vengo —grité.

Fernando se incorporó y comenzó a mamarme la pija, haciendo que toda mi leche acumulada se desparramase dentro de su boca. La sacaba y se la volvía a introducir, recolectando cada gota que bañaba mi tronco. Finalmente, subió hacia mi boca para compartir mi propio esperma.

—Hermosa pija —dijo, sin dejar de besarme y agregó— la mía sigue dura, ¿qué hacemos?

—Ya me di cuenta —respondí, arrodillándome y entregándole el orto como rara vez lo hacía, para que me empernase por detrás.

—Uy, papito... veo que esa colita se quedó con ganas de lechita —dijo.

Sin darme tiempo de apoyar bien mis manos sobre la cama, ya me estaba empernando nuevamente hasta las pelotas. Veía en el espejo el reflejo de su cuerpo moverse y cambiar de posición. Primero arrodillado, luego con una rodilla apoyada y su otro pie sobre la cama; luego medio en cuclillas, buscando la manera de enterrarme más adentro, si es que eso hubiese sido posible.

Finalmente se paró en el piso, me hizo girar para dejarme en el borde de la cama y me volvió a empernar salvajemente y sin piedad. Comencé a desear que ese taladro dejase de perforarme. Como era de esperar, luego de dos polvos, su eyaculación tardaba en llegar.

Le pedí que me la sacara, porque ya no lo estaba disfrutando y accedió. Continué el trabajo con mi boca; se la mamé hasta arrancar la última porción de esperma que aún quedaba dentro de sus bolas.

Fernando emitió un gemido ahogado y la sacó de mi boca, para que nuevamente nos fundiéramos en un hermoso y profundo beso blanco.

Quedamos tirados en la cama por un buen rato, uno al lado del otro, sin emitir palabra y tocando nuestros cuerpos ya satisfechos. Se habían hecho las once y cuarto. Me pareció increíble que hubiésemos estado unas tres horas garchando sin parar.

Me ofreció tomar una ducha y acepté. Luego me vestí y me acompañó a la puerta.

—Creo que voy a pedir turno para la semana próxima doc. —dije bromeando.

—Cuando quieras; si estoy solo, lo hacemos acá, si no, telo. —dijo Fernando.

Nos despedimos y me fui a casa, pensando en qué excusa inventaría para justificar el olor y la mancha de cerveza en mi ropa y en cuándo tendría la tercera sesión de sexo con el doc.

Capítulo XVII
Blanco y Negro

Conocí a Juan a través de una línea telefónica de encuentros. Habíamos quedado en encontrarnos en una esquina próxima a su departamento. Llegué puntualmente y me quedé parado en la esquina, pero Juan no aparecía; comencé a caminar, pensando en que seguramente se trataría de otro boludo, de esos que abundan, con los que arreglas un encuentro, jamás aparecen y seguramente terminan pajeándose con el teléfono en la oreja y escuchando las voces de otros tipos.

Estaba a punto de regresar a casa cuando vi que venía caminando un flaco agradable; no rajaba la tierra, pero era del estilo de tipos con los que seguramente me encamaría. Más o menos de mi misma altura, tez blanca, pelo negro y las pantorrillas más lindas que jamás hubiese visto. A esta altura, sabrán que las piernas son mi punto débil, uno de los ítems que suman más puntos en la lista de calificaciones, y créanme que Juan sumaba sesenta puntos solo con sus pantorrillas musculosas y peludas.

Mantuvimos una breve charla, en la que hablamos sobre nuestros gustos y preferencias en la cama. Juan dejó claro que era solamente activo y, aunque mi predilección es la gente versátil, realmente no habría inconvenientes sobre ese tema. De todas maneras, conforme a lo que mi largo camino recorrido me venía demostrando, todos eran activos, hasta que veían una buena pija erecta y firme de donde prenderse.

Me invitó a ir al departamento que le estaba cuidando a su primo (luego me daría cuenta de que, en verdad, era el departamento donde él vivía), que quedaba a un par de cuadras de donde estábamos, y accedí gustoso a hacerle compañía.

Resultó un primer encuentro medio incómodo y poco distendido. Para mí, la previa es un paso fundamental y determinante para disfrutar del sexo y Juan no era muy adepto a los besos, que daba tímidamente y sin demasiada pasión o interés. Ciertamente, tampoco resultó ser un gran cojedor y su miembro era de un tamaño estándar. Algo que sí había llamado mi atención fue que, ya desnudos en su cama, había dicho:

—Vamos a usar preservativos para mamárnoslas, así estamos tranquilos.

—Estás sano, ¿no? —pregunté.

—Sí y quiero seguir estándolo —contestó Juan.

Su actitud me dio la tranquilidad de que se trataba de un tipo consciente, poco promiscuo y que, claramente, se cuidaba.

Se puso uno en la pija, me dio otro para que lo pusiera en la mía y comenzó a mamármela. Le devolví la gentileza, aunque el estar mamando un pene con forro me resultaba similar a chupar una bolsa de plástico.

A pesar de la falta de pasión y de la ausencia de la chispa que encendiese el fuego, me penetró y pude disfrutar de su cuerpo velludo, aunque su desempeño sexual resultó verdaderamente mediocre y la mayor virtud que encontré fue la duración y el tiempo que tardó en eyacular. Me empernó al menos por treinta minutos sin parar.

Mientras que nos vestíamos, hablamos un poco sobre nuestras vidas y me contó que estaba de novio con una mujer y que era abogado. Intercambiamos números de celulares y me fui, pensando en que, seguramente, jamás volveríamos a encontrarnos. No me había quedado claro si su desempeño sexual era siempre así, o si quizá no había existido química como para que se abriese a besarme con un poco más de pasión y para actuar de una manera quizá más morbosa.

Pasaron solo unos días y recibí un mensaje suyo preguntándome si podía ir. Era sábado por la tarde, por lo que pude hacerme un hueco para escaparme a su departamento, donde tuvimos una segunda sesión de sexo sin ningún tipo de fuego artificial de por medio.

Pasaron las semanas y los encuentros se hicieron rutinarios; quizá Juan me enviaba un mensaje durante la semana, por la mañana bien temprano, diciéndome que disponía de tiempo y, de camino a mi laburo, pasaba por su depto. para iniciar el día con una sesión de sexo; nos duchábamos y cada uno hacia su trabajo.

A pesar de la falta de pasión y de practicar un sexo realmente promedio y sin muchas expectativas de que mejorara, la relación con Juan me resultaba cómoda y conveniente… Un tipo discreto, agradable, con lugar y cerca de casa…

Por mi situación, resultaba un combo conveniente e imagino que, para él, yo también lo era. De haber existido buen sexo, hubiese resultado la situación perfecta, pero esto es lo que había y estaba bien.

Un sábado, cerca del mediodía, ingresé a un chat y me crucé con un flaco rubio, atractivo y con pelo en pecho. Nos atrajimos inmediatamente y le propuse encontrarnos. Me dijo que no podía, que estaba con su mujer y que quizá, por la tarde, pudiese hacerse un hueco con la excusa de comprarle un regalo a su madre que cumplía años, pero el tema, como siempre sucedía entre hombres casados, era el lugar; de existir interés mutuo al encontrarnos, la única opción viable era ir a un telo.

Se me ocurrió enviarle un mensaje a Juan, preguntándole si estaba interesado en hacer un trío. Me respondió con muchas dudas, hasta que, finalmente, aceptó. Ingresé nuevamente al chat y le hice la misma propuesta a Alejandro (ese era su nombre), quien inmediatamente me dijo que sí.

Quedamos en encontrarnos a las tres en una esquina, no muy lejos del departamento de Juan y cerca de casa. Le envié mensaje a Juan diciéndole que a las tres menos cuarto lo pasaría a buscar por su depto. para ir juntos al encuentro de Alejandro.

La historia comenzaba a ponerse interesante, no solo por el posible trío que pudiésemos hacer, sino porque uno era morocho, el otro rubio y ambos velludos... un combo perfecto, fuera de lo que pudiese suceder sexualmente.

Se hizo la hora y fui hacia el departamento de Juan, que me aguardaba en la vereda.

—¿Qué haces, pibe? —dije.

—Hola —dijo y, medio acelerado, agregó sin pausa— che, mirá que, si no me gusta el flaco, me abro; vos hacé lo que quieras por tu lado.

—Sí, seguro, pero te va a gustar; nos vimos por *cam* y está lindo; de todas maneras, si a mí me gusta y a vos no, te llevo nuevamente hasta tu departamento, no hay problema —respondí.

Nos dirigimos hacia la esquina acordada y aguardamos un buen rato adentro del auto, pero Alejandro no aparecía. Decidimos estacionar y quedarnos a esperar fuera del auto.

La situación no resultaba muy cómoda, ya que la inseguridad

reinante en las calles hacía que cualquiera en nuestra situación resultase al menos sospechoso; dos tipos parados en una esquina tanto tiempo, seguramente resultaría al menos llamativo.

Decepcionado por el incumplimiento de Alejandro y frustrado por la caída del trío, decidimos no esperar más e irnos hacia el auto. De todas maneras, no sería trío, pero tendríamos nuestra sesión de sexo, nuevamente solos. Hicimos unas cuadras y, en una esquina, vi que doblaba una *VW Surán* manejada por un tipo. Marca, modelo y color coincidían con lo que me había dicho Alejandro, por lo que decidí regresar a la esquina fijada para el encuentro.

Llegamos y la *Surán* estaba estacionada en la esquina. Estacioné mi auto y descendimos para dirigirnos al encuentro del que supuestamente sería Alejandro, quien al ver que nos aproximábamos, bajó la ventanilla…

—Hola, ¿qué haces, nene? —dije.

—Hola —respondió Alejandro, con una hermosa sonrisa dibujada en su rostro.

Ciertamente, era mucho más atractivo en persona de lo que la cámara *web* me había dejado ver.

—Él es Juan —dije.

Juan se inclinó hacia la ventanilla para que pudieran verse las caras.

—Hola —dijeron simultáneamente.

Lo miré a Juan, como preguntándole si se prendía.

—Está lindo —dijo.

Me incliné para mirar a Alejandro.

—¿Te va? —pregunté.

—Por supuesto que sí —respondió Alejandro.

Dejó su auto estacionado detrás del mío y comenzamos a caminar hacia el departamento de Juan, que quedaba a unas cinco cuadras del lugar de encuentro. Llegamos a la esquina y Juan nos pidió que le diéramos cinco minutos, porque no quería que la seguridad del edificio lo viera entrar con dos tipos.

Nunca me habían quedado claras ciertas actitudes psicóticas por parte de Juan… Primero me había dicho que el departamento era de su primo y que se lo estaba cuidando… Con el tiempo me di cuenta de que no era así y que, en verdad, era su departamento, aunque jamás me había aclarado el tema.

Tampoco me quedaba claro lo de su novia y, ciertamente, tenía serias dudas sobre la veracidad de su existencia. Ahora, no entendía cuál podía ser la diferencia entre que entrásemos los tres juntos a que Alejandro y yo lo hiciéramos luego de unos minutos; la seguridad escucharía su voz en el portero cuando nos abriese la puerta, por lo que, de una u otra manera, sabría que nos dirigíamos a su departamento.

No obstante, no hice ningún cuestionamiento y, atendiendo a su pedido, aguardamos en la esquina del edificio.

Pasaron diez minutos y nos dirigimos al edificio, tocamos timbre y Juan nos abrió. Subimos al ascensor y, sin mediar palabra, nos enfrentamos con Alejandro y comenzamos a comernos las bocas. Claramente, nos sentíamos atraídos el uno al otro y lo comenzábamos a expresar chupándonos las lenguas, dándonos profundos besos y apretando nuestros glúteos.

El ascensor se detuvo en el quinto piso. Bajamos y nos dirigimos hacia el departamento de Juan, que había dejado la puerta entreabierta y nos aguardaba parado en el *living*.

Quedamos los tres parados al lado de la puerta y tímidamente comenzamos a rozar nuestros cuerpos... Nos dimos un tierno beso con Alejandro y rápidamente, Juan se nos unió. Nuestras lenguas comenzaron a cruzarse en el aire, tocándose unas con otras, mientras que nuestras manos comenzaban a recorrer nuestros pechos velludos. Desabroché la camisa de Alejandro y Juan se quitó la chomba. Era realmente hermoso ver sus torsos, uno cubierto de pelos bien negros y el otro cubierto de vellos bien rubios.

Ambos se quitaron los pantalones y juntos comenzaron a desvestirme, mientras que recorrían mi cuerpo con sus manos.

Juan nos invitó a pasar al dormitorio y hacia allí nos dirigimos.

Fui el primero en tirarme sobre la cama, actuando como si estuviese en mi casa. Juan quedó parado en un lateral y agarró del cajón de la mesita de luz una caja de preservativos y lubricante, mientras que Alejandro, notoriamente nervioso, había quedado parado a los pies de la cama y comenzaba a quitarse el *bóxer*.

Sí que era más lindo de lo que imaginaba, aunque sus piernas eran más flacas de lo que esperaba y cubiertas con escaso vello; punto crítico que, para mi gusto, le restaba puntos.

Le hice señas para que se acercara. Alejandro se tiró a mi lado y comenzamos a franelearnos y a besarnos. Juan se nos unió y comenzó un juego de cruce de lenguas y de piernas enroscadas, mezclado con mamadas mutuas; yo prendido en la pija de Alejandro, Juan en la mía y Alejandro en la de Juan.

—Linda pija —dijo Alejandro, refiriéndose al miembro de Juan.

—Linda es la de este… Mirá el caño que tiene —comentó Juan, haciendo referencia a mi miembro.

Quedé recostado boca arriba y Alejandro se tiró sobre mí. Sin más previa, le pedí que me cojiera. No lo habíamos hablado, pero mi intención era que me hicieran una doble penetración; el morbo de un rubio y de un morocho siempre estaba dando vueltas en mi cabeza.

Alejandro colocó un preservativo en su pene, lo lubricó y lubricó mi ano; rodeé su cintura con mis piernas, quedando entregado a él y sin mayor inconveniente, me penetró amablemente, mientras comía mi boca. Un verdadero placer el estar siendo sometido por este nuevo amigo, que, rápidamente, fue incrementando el ritmo de sus embestidas, llevando a que la piel blanca de su cara comenzara a ponerse colorada.

Juan permanecía arrodillado detrás de Alejandro, observando cómo me penetraba y parecía estar disfrutando del espectáculo.

—¿Querés que Juancito te coja? —le pregunté a Alejandro, hablándole en el oído.

Me miró fijamente a los ojos sin dar respuesta.

Miré a Juan y dije:

—Alejandro quiere pija; complacelo.

Juan colocó un preservativo en su miembro, lo lubricó y se posicionó por detrás de Alejandro. Yo me concentré en su cara; quería ver su expresión en el instante en el que fuese penetrado.

Alejandro cerró sus ojos y dibujó en su rostro una expresión de dolor, señal de que Juan lo comenzaba a empernar.

—Orto estrechó —dijo Juan, que sacó su pija para llenarla nuevamente de lubricante.

Alejandro dibujó un gesto de alivio que duró brevemente. Juan se la apoyó y, de una embestida, lo empernó hasta el fondo.

—Uy, boludo, me mataste; me la enterraste hasta la garganta —exclamó Alejandro, con la cara sudorosa y colorada.

Juan se dejó caer sobre la espalda de Alejandro y, asomando su cabeza por el costado, alcanzó a clavarme un beso.

Lentamente fuimos encontrando el ritmo de las embestidas para hacer que sus pijas entraran y salieran rítmicamente de nuestros anos. Era la primera vez, luego de haber garchado durante mucho tiempo con Juan, en la que me resultaba realmente un tipo excitante… Me estaba calentando sobremanera ver cómo se empernaba al flaco que me estaba empernando a mí; sumado a la cara de Alejandro, que reflejaba una mezcla de placer, morbo y sufrimiento, que actuó sobre mí como una dosis de adrenalina y de hormonas, estimulando mi libido…

Les pedí que me liberaran, porque quería intentar algo, sin decirles de qué se trataba. Vi la cara de alivio que dibujó Alejandro al liberarse del pene de Juan. Le pedí que se acostase de espaldas y rápidamente me posicioné sobre él para enterrarme fácilmente su pija hasta el fondo. Giré mi cabeza y le pedí a Juan que me la diera por detrás.

—¿Querés una doble? —preguntó Juan, asombrado.

—Sí, pa, metémela por atrás que los quiero disfrutar a los dos juntos —dije.

—Nunca lo hice, pero probemos —dijo Juan.

Juan se quitó el preservativo que había usado para empernar a Alejandro y se puso otro; lo lubricó bien y acercó su miembro hacia mi ano. Yo me recosté sobre el pecho de Alejandro para dejar mi ano lo más expuesto posible. Juan apoyó su glande y tímidamente comenzó a presionar.

—Dale, sin miedo que me la banco, va bien —dije alentándolo.

Con un movimiento de pelvis, Juan hizo que su miembro se deslizara dentro de mí, llenando mi orto y haciéndome feliz.

—Uf, te entró toda… Increíble, querido, cómo te estás comiendo dos pijas juntas —dijo Juan.

Alejandro permanecía callado y con sus ojos cerrados.

Juan comenzó a bombear lentamente y Alejando dio inicio a un subir y bajar con su pelvis, logrando que ambas pijas entrasen y salieran de mi ano rítmicamente. Yo sentía puro placer al estar atrapado entre esos cuerpos. Había hecho la doble con penes más grandes, Martín, Cristian, Germán, Ramiro, Alan, por lo que esto resultaba sumamente placentero y no sentí ningún tipo de dolor.

—Increíble la sensación de mi chota súper apretada por tu ano y rozándose con la de Alejandro —dijo Juan.

—Mucho morbo para mí, me vengo —dijo Alejandro inesperadamente.

—Pará, pará —dije.

—No aguanto, me vengo —repitió Alejandro.

Le pedí a Juan que me la sacara y me tiré de costado para liberarme de la pija de Alejandro, que solo me dio tiempo para quitarle el forro, cuando ya comenzó a largar leche sobre su panza… Acerqué mi cara para olfatear el aroma de su esperma, que por lo espeso y la cantidad, imaginé que hacía tiempo que no eyaculaba.

Juan quedó arrodillado del otro lado y comenzó a masturbarse. Agarré su cara y nos besamos como no lo habíamos hecho durante el año en el que veníamos garchando. Con mi mano libre, tomé mi chota para comenzar a masturbarme.

En el medio, aún se escuchaba la respiración agitada de Alejandro, que lucía relajado y su miembro, que, apoyado sobre su abdomen, comenzaba a achicarse.

—Por Dios, qué lindo polvo —dijo.

La imagen del torso peludo de Juan arrodillado frente a mí y el torso rubio y velludo de Alejandro, cubierto de semen, me llevaron al punto de no retorno. Comencé a sentir espasmos y, rápidamente, un chorro de semen brotó de mi glande, desparramándose sobre el pecho de Alejandro.

—Uy, papito —exclamó Alejandro.

Otro chorro quedó depositado sobre su panza, mientras que Alejandro, con la palma de su mano, comenzaba a mezclar su esperma con el mío, desparramándolo por todo su torso y mezclándolo entre sus pelos.

Juan cerró sus ojos y continuó dándole duro a su pija, cada

vez con mayor intensidad.

—Chupame el culo —dijo, casi suplicando.

Era la primera vez que me pedía algo así; en verdad, en casi el año entero durante el cual habíamos estado garchando, apenas me había dejado jugar un poco con un dedo alrededor de su ano.

Hice que se recostara y, cumpliendo con su deseo, hundí mi cara entre sus glúteos para comenzar a lamerle el orto. Pude ver que Alejandro se incorporaba y que se prendía en su miembro para ayudarlo a acabar.

Juan comenzó a moverse y a gemir. Agarré el frasco de lubricante y unté mi dedo mayor, que introduje en toda su extensión dentro de su ano. Juan agarró mi brazo con su mano como para impedírmelo, pero mi experimentado dedo ya había alcanzado su próstata y el placer que comenzaba a sentir hizo que cediera.

Comenzó a retorcerse y a emitir exclamaciones inentendibles.

—Uy, sí, sí, sí… me vengo, me vengo, por Dios, ese dedo, pará, me vengo, sacalo, uy —gritaba descontroladamente.

Alejandro apenas logró retirar el pene de Juan de su boca cuando el primer chorro de esperma quedó estampado en su cara y el resto, sobre el abdomen del propio Juan. Continué masajeando su próstata, hasta ver que nada más salía de su glande.

—Pará con ese dedo —dijo Juan.

—No me digas que no te gustó —dije.

—Sí, sí; sensación medio extraña, pero sacalo —contestó.

—La próxima, te hago sentir mi dedo más grande —dije, haciendo referencia a mi pene.

—Ni en pedo —contestó Juan.

—La verdad es que tienta, a mí me gustaría probarla —comentó inesperadamente Alejandro.

—Lástima que no lo dijiste antes; me lo pedías y te empernaba hasta la garganta, pero ya se hizo tarde, me tengo que ir; la próxima me los emperno a los dos juntos —dije.

—Sí, sí, seguro que sí —comentó Juan, como diciendo que a él ni en sueños.

—Bueno, hoy fue un dedo y me pareció que disfrutaste como una puta; quizá la próxima… —agregué sonriendo y quedándome con la última palabra.

Fuimos en turno hacia el baño para higienizarnos, nos vestimos y Juan nos acompañó hasta la calle.

De regreso hacia nuestros autos, Alejandro me confesó que se había sentido un poco intimidado al estar entre nosotros, ya que Juan y yo veníamos garchando desde hacía tiempo, funcionábamos como amigos y él era el tercero en este trío; que, por momentos, como producto de los nervios, sintió que había perdido la erección.

Le dije que yo lo había pasado bien, que se relajara y quedamos en contactarnos para otro encuentro, quizá para hacer algo los dos solos. Ambos habíamos sentido una conexión bastante particular desde los primeros toques y besos dentro del ascensor y deberíamos explorar a ver qué nos sucedía estando solos en una cama.

Llegamos, subimos a nuestros autos y regresé a casa, deseando no perder el contacto con este rubio lindo, que el destino había cruzado en mi camino.

FIN